心が晴れる言葉

斎藤茂太

あさ出版

やまない雨がないように、
人生の「雨季」もいつか必ず終わる。
そのことは信じていい。
そしてまた雲間から
太陽が顔をのぞかせるのだ。

人は行き詰まってしまうと、先が見えない。そして、先が見えないからこそ、ますます悩む。

ある経営者が、テレビでこんなことを言っていた。

「景気のいい時期には、みんな、ずっとこの状況が続くと思っている。しかし、景気のいい時期もいつかは必ず終わるのだ。そして、不況になると、今度は、ずっと不況が続くと思っている。これもいつかは必ず終わるのだ」

確かにそうだと思う。これまでの歴史を見ても、世の中の流れは発展するときもあれば、縮小するときもある。

大切なことは、いつまでもイヤになる状況が続くように思い込んで、必要以上に暗くなるのは、もうやめようということだ。

苦しい状況は、いつか必ず終わる。

いつか状況は変化する。それは信じていい。

戦後しばらく、戦災でまる焼けになってしまった病院を再建するため、経営のとても厳しい時期があった。すぐに私は、母に泣きついた。当時、母は父の印税を一手に管理しており、親子だから簡単に、あわよくば無償で資金を融通してくれるだろうとたかをくくっていたのである。

ところが、母からの返答は、契約書を作成して、正式な手続きを踏んだ上でなら、お金を貸す、しかも利息はしっかりとるという銀行さながらの対応であった。

仕方なく私は母の融資を受け、それ以降、経営の立て直しと、借金の返済に苦労するつらい日々が続いたのである。正直私は、母を恨みもした。それほど厳しい母親だったのである。

しかし、今になってみると、あれはとても大事な経験だったと言えるのだ。あの厳しさを経験したおかげで、私はまがりなりにも一人前の病院経営者になれたと思っている。

結局のところ、私たちがつらいと感じている状況のすべては、「人生の雨季」のようなものではないだろうか。

雨の日というのは気分がすぐれないものである。特に梅雨の時季などはうっとうしいことこの上ない。東南アジアなどではそれが何カ月にも及ぶ。それにもかかわらず、私たちはもう雨など降らなければいいとは思わない。

それは、雨が、私たち人間を含め生きとし生けるものにとって、存在し生長し続けていく上で欠かせないものだと知っているからだ。

そして、私たちは雨季がいずれ終わり、雲間からまた太陽が顔をのぞかせることも知っている。

つらいことも付き合い方を少し変えるだけで、心は不思議なくらい前向きになる。

これから、私の人生経験はもちろん、医師としての経験も踏まえて、さまざまなヒントを述べてみたい。そのうちのいくつかでも読者であるあなたの心が晴れるきっかけになれば幸いである。

第1章 つらいことの先に待っているもの

第2章

悩みの解決を時間にゆだねる

第3章 自分を少し好きになる方法

コンプレックスとは、
あなたをあなたたらしめている
大切な個性の一要素だ。
嫌いであれば欠点のままだが、
好きになれば長所にもなる。
78

満足するところに、進歩などない。
「私は無能だ」と悩んでいる人には
可能性がある。
81

青い鳥は、
あなたの身近にいる。
85

ほめて育つのは何も子どもだけではない。
大の大人でも、自分をきちんとおだて、
ほめてあげることが必要なのだ。
88

いい顔はつくれる。
何歳からでも遅すぎることはない。
92

「昔はよかった」は、ほんとうだろうか。
今の状況も、あとで振り返れば、
「よかった」と思えるのではないか。
今あるちょっとした喜びを、大切にしよう。
96

第4章 人間関係の悩みが晴れるには

口下手な人は、
上手にしゃべろうとしなくていい。
視点を変えれば実は大きな力を持っている。
116

断ったときの心の状態をイメージしてみよう。
あの爽快感が味わえると思えば、
断る勇気もわいてくるというものだ。
できるだけ早く
あの心地よさを味わおうではないか。
120

傷つきやすい人は、自分から
「人に言われなくてもわかっている」ことを
言うと、ものすごく楽になる。
124

人といい付き合いができるのは、
それほど傷つけ合わずに、
しかもある程度、暖め合える距離、
つまり、つかず、離れずである。
128

友人には
高い理想や望みではなく、
思いやりを持つ。
131

自分の感情や言いたいことは、
遠慮せず表に出すほうが、
気分が晴れ、気力もわいてくる。
135

第6章 心が晴れていく習慣

趣味を大層なものと考えなくていい。

「好きでしているものごと」。

好きなことをするだけで、
心は晴れていくのである。

195

自分の時間は
どんな形であっても
持つことができる。
199

グチの一つも言わずに
立派に生きていくことなどできない。
制限時間を決めて、
スッキリ気持ちを切り替えて、
解決への行動を始めよう。
202

孤独はイヤだけれど、ひとりになりたい。

人間とはそういうもの。

205

感動する「ふり」から、
感動する心が取り戻されていく。
208

嬉しいから笑うのではなく、
笑うから嬉しいのだ。
212

誰もいないところなら
何も遠慮することはない。
ガマンした感情は
できるだけ早く発散しよう。
215

第7章 心が晴れていく言葉

「きっとよくなる」と念じたり
口に出すことは、
物事を好転させる上で、
バカにはできない。
232

夢が実現しなくても、
夢に向かって歩いてきた日々を
大切な思い出とすることができる。
だから夢を持つことはムダではないのだ。
235

「もうイヤだ」ではなく
「もう大丈夫」と考えてみる、
口に出してみる、
そして一歩を踏み出してみる。
238

「私は幸せになる運命だ」と言ってみる。
自分を信じることが、
前向きに生きることにつながっていく。
241

幸せや不幸せというものは、
自分で感じる以外、誰にも決められない。
自分で幸せになると決めよう。
244

第1章

つらいことの先に待っているもの

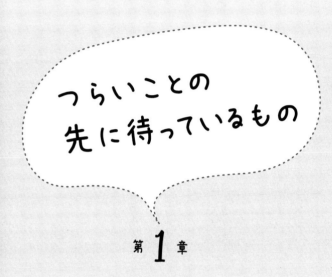

苦しいときに
ほんとうに大切なものが見えてくる。

苦しい状況におちいったとき、人はどん底の気分を味わうものである。

しかし、意外に思うかもしれないが、人間、どん底までいくことができれば、実はしめたものである。

悩んでいるときに、解決策が簡単には見つからない。たとえ、解決策が見つかっても、それは自分がやりたくないことである場合が多い。

「ああすればこうなるからイヤだ。あの方法もイヤだし、この方法もしっくりこない。いったいどうすればいいのだろう」と悩み、身動きがとれなくなって、どんどん落ち込み、深みにはまっていく。

ところが、いろいろな道が断たれ八方ふさがりになったときに、初めて見えてくる道がある。

それが自分のほんとうに進むべき道なのだ。

何もかも手放さなければならないようなときに、「これだけは失いたくない」と思うものがある。

それが、あなたが人生でほんとうに大切にしたいものだ。

たくさんのものを持っているときにはわからない。

それを失ってみて、初めて自分にとってほんとうに必要なものがわかるのだ。

それをつかんではい上がった人は強い。

自分がほんとうに大事にしたいものをしっかり握って生きていけるのだから、迷いも少なくなるだろう。とことん迷った末に自分でつかんだ実感だ。次に迷ったときには、どちらを選べばいいかすぐにわかる。


反対に、中途半端に悩み、自分をごまかしている人は、いつまでたっても、ほんとうに自分が欲しいものが何なのか、実感できないのではないだろうか。

しかし、かといって、部屋の中で悩みながら一歩も動かないのでは、それもまた、なかなか結論にいきつかない。やってみて「これはダメだった」、またやってみて「これもダメだった」と試行錯誤しながら行動していくことは大切だ。

あなたは、これまでの人生で、とことん悩んだ時期があるだろうか。

もし、今がそうならば、あるいはそんな機会がいずれやってきたら、チャンス到来だ。とことん悩んでみるといい。

苦しさを感じる状況は、実は、自分が人生に何を求めているのかが見えてくる好機なのである。

誠実だからあなたは悩む。
自分を否定する必要は
まったくないのだ。

行き詰まってしまったあなたは、何をするべきか。

答えは、いたって簡単である。これまでのやり方、もしくは自分自身を変えればいいのである。

しかし、これは言うは易し。実行するのはものすごく大変なことである。

まず、自分が信じて生きてきた、その生き方を否定しなければならない。これはとてもつらいことだ。アイデンティティの危機である。たとえ他人が、「こうしてみたらどうだ」と助言してくれても、それはとうていやすやすと受け入れられない方法であることが多いだろう。例えば、

「あなたがあの人とうまくいかないのは、愛想がないように見えるからよ。もう少し、愛嬌を持ってふるまってみたらどう？」

と言われたとしよう。けれどあなたは、調子よくお世辞を言う人間が何より嫌いで、それが自分の誠実さだと信念を持って生きてきた。それを「なるほど、そうか」と次の日から、調子のいい人間に変わることができるだろうか。

私は、できるとは思わない。

少なくとも私は、そんなに調子よく自分のやりかたをころっと変えられる人は信用できない。

自分のやり方を守って生きており、それを変えなければならないときには、とことん苦しむ人のほうが、人間として信頼できると思う。また、そういう人間のほうが、変わるときには、ほんとうにしっかりと変われるものなのである。

つまり、あなたが悩んでいるということは、人間として誠実に生きている証なのだ。自分の信条をしっかり持ち、一貫して生きている人間なのだということを証明しているのである。だから、自信を持っていただきたい。

これまでの自己を否定する必要はまったくない。これまでの自己を認めた上で、少しずつ変わっていけばよいのである。少しずつ変わっていく過程では苦しみ、たくさん悩むだろう。それは言ってみれば産みの苦しみだ。痛みのない出産はない。悩み、苦しんだ先には、きっと新しいあなたがいるはずだ。

行き詰まったら大いに悩んでほしい。そして新しい自分をつくっていこうではないか。

あなたができないこともあるが、
できることもたくさんある。
そのことを忘れないでほしい。

人間は、生き続けていくかぎり、新しいことに取り組まなければならない存在である。小学校を卒業すれば中学校の勉強が待っている。次は高校だ。学校を出たら仕事を覚えなければならない。ようやく仕事を覚えたと思ったら先輩として、今度は後輩の面倒を見なければならない。

自分の得意な範囲だけでやっていくことができれば、こんなに楽なことはない。

しかし人生は、どうもそういうふうにはできていないようだ。そのままやっていこうと思っても、そうはいかない状況が必ず起きてくる。

そんなとき、人は行き詰まる。

そして、すっかり自信をなくしてしまう人も多いが、でも、ちょっと考えてみてほしい。

誰だって、新しいことを始めたときは、その分野では小学校一年生と同じだ。

二十数年それなりに頑張って生きてきても、会社に入ったら、まだあなたは社員としては新米だ。上司が厳しかったり、自分の思いどおりにいかないことがたくさんあって当たり前なのだ。

ジョギングで、それまで五キロを楽に走ることができていたので、距離を十キロに伸ばしたとする。そのとき、あなたがへばってしまったとしても、仕方がないのだ。

それはあなたの実力が落ちたわけではない。今でも五キロの距離なら楽に完走できるだけの能力は十分にある。十キロを走ることが苦しいからといって、そんなに落ち込む必要はない。

だから、あなたが行き詰まって気分が落ち込んできたときには、自分の得意なところに戻ってみてはいかがだろうか。楽々とうまくできることをやってみれば、あなたが今まで培ってきたものが決して失われたわけではないことに気づくはずだ。

自分のできないことばかりに遭遇して自信をなくしてしまったときは、まずできることをやって、自信を取り戻そう。このテクニックを、ぜひ活用してほしい。

少し勇気を出して向き合えば
悩みの大きさは、
思っていたよりも小さいことがわかる。

犬の近くを通るとき、吠えられたらイヤだな、イヤだなと思っていたら、ほんとうに吠えられたという経験はないだろうか。こちらが恐れを抱いていると、犬はその雰囲気に感づき吠えるというわけだ。

犬が怖いという人は、なるべく犬と出会わないようにすることである。それでも犬と出会うことがあったら、落ち着いて対処の方法を考えることが必要である。恐れず、正面から向き合うことだ。そうすると、意外と犬も吠えてこない。

これは犬に限ったことではなく、人生のさまざまな不幸に対処する態度と共通することである。イヤなこと、トラブル、人間関係の不和、仕事の行き詰まり等々に襲われたとき、いかにこれを乗り切るかは、「背中を見せない」ところにコツがある。後ろ姿を見せてしまえば、犬が追いかけてくるように不幸もかさにかかってあなたの心を不安定にさせるのだ。

「なんでこんな目にあうんだ」と怒るのも効果はあるようだ。実験などによると、怒りの感情を起こすことで、一時的にストレスに対する抵抗力が上がるという。

しかし、それはもってても五日が限度で、いつまでも怒っていると今度は逆に抵抗力が低下するというデータもある。怒るときは積極的に怒り、さっさと忘れるというのがよさそうだ。

怒りも悲しみも、これに対処するためには、その原因から目をそらさないことだ。これは、危機を乗り越える最良の手段と言える。前向きであれば、危機は見た目の大きさよりも実は小さいことがわかってくるのである。

今ある不幸の分だけ、
幸せはやってくる。

あなたが、苦悩にさいなまれ、この状況がずっと続くのだろうかと悲観的になっていても、人間、普通はそれほど苦悩を維持できるものではない。

実は気持ちの整理がつかないモヤモヤ、イライラは、それほど長くは続かない。何かのきっかけがあれば、信じられないほどパッと前方の視界が開けるのだ。悩むには体力も必要だし、時間も必要だ。反対に言えば、悩む人というのは体力と、それだけの時間があるのだ。といって、悩んでいる人がヒマだと言っているわけではない。時間があるのなら大いに悩むのもいいと思う。

人生にはプラスの要素もあればマイナスの要素もある。悩むという行為は、それによってマイナスの要素を消化しているのである。

悩みなどないと元気いっぱいの人が大病になったり、いつもくよくよ悩んでいる人が意外に病気一つしなかったりする。たぶん人生のマイナスの要素を、心で処理しているか、体で処理しているかの違いなのではなかろうか。

例えばあなたにとって、マイナスの要素が十ポイントあったとしよう。

そのうちの五ポイントはくよくよ悩んで処理し、残りの五ポイントは風邪か何かで処理するのか。また心では全然悩まないで、十ポイントすべてを体で引き受け病気をするのか。あるいは十ポイント全部を心で悩み、苦しんで消化しているので、体には表れないのか。このように人によってマイナスを処理するやり方はいろいろあるようだ。

また、マイナスポイントの処理能力にも、個人差があるだろう。

ある人は十ポイントしか耐えられない。ある人は、二十ポイントまでは耐えられる。ある人は五ポイントでもういっぱいいっぱいになってしまう。

心の許容量もあるだろう。十ポイントまでは心で処理できるが、それ以上のマイナス負担がかかると病気をする、というようにだ。

このように見てみると、悩む人というのは、悩むことができるだけの力があるというように考えられないだろうか。

つまり、心の許容量が広いのである。マイナス要素に対する許容量が大きいということは、今度はそれがプラスに変わったときにも許容量が大きいということだ。

悲しみや苦しみを感じる力に優れているということは、喜びや楽しみを感じる力も人一倍大きいということなのである。

不幸や悩みは、心を鍛える。心に負担がかかっているときは、きっと、より大きな幸せが入ってくるように、心の許容量を鍛え、増やしている期間なのだととらえてみよう。

今ある不幸の分だけ、幸せはやってくる。そして、どんな悩みも必ず終わる。

つらくはあるが、それだけは覚えておいてほしい。

そう思えば、気持ちは前向きに変わっていくはずだ。

踏まれたり叩かれたりしながら
頑張って生きてきた人のほうが
より人生を充実させられるのだ。

もうずいぶん昔のことになるが、私の末の息子が小学生の頃に、泰山木《たいさんぼく》の苗木をもらってきた。

そこで私は、この苗木を箱根にある山小屋に植えることにした。

毎年春が来て箱根の山小屋に出かけると、そのたびに今年はどうなっているか、どのくらい生長しているかと期待していた。だが、そうした私の期待を裏切るように、泰山木は私が箱根を訪れるたびに、前の年に伸びていた枝が雪によって折られていた。

しかしそんな逆境にもめげず、この泰山木は、毎年、折られては伸び、また折られては伸びと、そんなことを繰り返しているうちに、少しずつ生長して、十数年のあいだにとうとう私の背丈と同じくらいになったのである。

私は箱根の地を訪れるたびに、わずかながらでも成長しているこの泰山木に会うのを、まるで我が子の成長を見ている親のように楽しみにしていたものだ。

人間もまた、この泰山木のように折られても折られても、その成長を止めることがないものであろう。

そればかりか、何もなく平穏無事に過ごせる人より、踏まれたり叩かれたりしながら頑張って生きてきた人のほうが、より人生を充実させられると言えるような気がするのである。

そして「苦あれば楽あり」などと型どおりのことを言うつもりはないが、人生には、苦しいことが何度もあるのだということは知っておいてほしい。

第2章

悩みの解決を時間にゆだねる

問題の解決には、
ある程度時間がかかることは
覚えておこう。

人は、仕事においても日常生活においても、さまざまな困難に直面する。

これ以上、この会社で働けない。いつまでたってもこのつらい状況から抜け出せない。もう決定的に人間関係が修復不可能になってしまった。

こうして、もはや物事を先に進められないと判断したとき、たいていの人は「もうダメだ」と感じ、無力感にさいなまれる。

しかし、何事も自分の思いどおりにいくことはまずない。困難にぶつかり、なんとかしようとあがくことで人は成長するのである。

やれるだけのことをやった結果、あなたが望むような成果を得られなかったとしても、その経験はあなたにとって後々必ずプラスに働く。

だから、必要以上に苦しむことはやめにしてほしい。全力を尽くしたと心から思えるのであれば落ち込んだりせず、むしろ自分をほめるくらいの心持ちでいればいいと私は思う。

ただし、問題の解決には、ある程度の時間がかかるということは覚えておいて損はない。

例えば、誰かとけんかをして、仲直りをしたい場合、相手の気持ちが落ち着くまでには、一定の時間がかかる。その間に、謝ったり、ご機嫌をとったりしてみても、すぐには関係を修復できない。相手の気持ちが落ち着くまでは待つしかない。

仕事をする場合も同じだと思う。今日立てた企画が、明日、花開いて、利益に結びつくというようなことはまずあり得ないだろう。計画を立て、何年もかけて準備をして取り組んだプロジェクトが花開くのは、三年後かもしれないし、五年後かもしれない。会社の命運を左右する大きな事業ほど、結実するまで時間はかかるだろう。その間は、自分たちのできる最善のことをしながら待つしかない。

とりわけビジネスの世界では、スピードがますます重視され、迅速な問題解決を迫られる。

そんな世界に身を置いている人たちは、まわりの人が成果を挙げているのを見て、成果を挙げられない自分を情けなく思い、落ち込むかもしれない。

しかし、それは彼らがそれまで人知れず苦しみ待った結果、得られた成果であることも少なくない。

そもそも、時間をかけなければ解決しない問題は、世の中に山のようにある。待つことができなければ、そのような問題を解決することはできない。

スピードは大切だが、同時に、待つこともまた大切である。

急ぐこともできるし、じっくり待つこともできる人が、人生で本当の幸せをつかむことのできる人なのだ。

心が疲れたときくらいは
焦らず、のんびり、おおらかに。

現代は、つくづく忙しい社会だ。最新の情報が次々と飛び交い、人々はそうした情報を追いかけ、その一方で時間に追われる。

もっと焦らず、のんびりいこうではないか、と思う。とはいっても、若く、ばりばり働いている人などにそんなことを無理に求めるのが酷なのはわかっている。

だから、せめて心が疲れてきたときくらいは焦らず、のんびりいこう。


心が疲れやすい人は、たいていはとても真面目であり、人の話をよく理解する。ただ誰よりも反省心が強いということが、心の疲労の原因になっている。そうした人は、誰かにゆっくり話を聞いてもらい、十分に休養をとればいい。

しかし、会社勤めをしているような人が心の病におちいった場合、何カ月も会社を休まれるのは会社にとっても家族にとっても、そして本人にとっても気になるところだ。特に、ただぶらぶらしていることが、あまりよく見られない世の中だ。休養をとっているはずなのに「遊ばせておいてはいけない」と周囲は考えがちである。

そんな非難や心配の声を聞いてしまうと、本人は、もともと根が真面目であるし、「このままでは取り残されてしまう」と焦るわけである。そして、完治していないのに「じゃあ来週から出社します」と安請け合いをして、さらに深みにはまってしまう。このようなときは、仕事や勉強という重石をいったん完全に取り除いて、自分を取り戻すまでじっくり待つことである。

このことはもちろん、ちょっとした心の悩みやケガの回復にもあてはまることだ。追いつ追われつして、焦って、不安になって悩むよりも、さまざまな束縛から解き放たれて、ゆっくり、のんびり時間を過ごすほうがいかに心の健康にプラスであるかは、容易に想像がつくだろう。

いくらスピードの速い世の中とはいえ、時間はあとでいくらでも取り返せる。このように前向きに考えてみよう。そして、穏やかにゆったりと心の休息の時間を味わっていただきたい。

「間をおく」ほうが
問題解決の近道になる。

八方ふさがりで、何をやってもうまくいかないときがある。そんなときに、焦ってみても、状況は変わらない。うまくいかないときには、何をやってもうまくいかないものである。あがけばあがくほど、ストレスを感じるし、自分を見失ってしまう。

例えば、こんな経験はないだろうか。

財布が見つからない。確かにカバンの中に入れたはずなのに見つからない。カバンのどこを見ても見つからない。上着のポケットやズボンのポケットにも財布は入っていない。机の引き出しを一つずつ探してみたけど、見つからない。机の下をはいつくばって探してみたのに、そこでも見つからない。

大騒ぎしていると、周りの人から「財布ならそこにありますよ」と指摘された。よく見ると机の上の書類の陰に財布があった。

こんな具合に、いったん焦ってしまうと、目の前にあるものが見えなくなることがある。心に余裕がなくなっているときには、一生懸命考えても問題を解決できるようなアイデアは浮かんでこない。

そういうときには、少し時間をおくことだ。冷静になって考えたほうが、いい案は生まれてくる。

「間をおく」ことは、非効率のように思えるが、結果的に見ると、そのほうが問題を解決する上で近道となることが少なくないのである。

いつもとちょっと違うことをしてみる。
心にゆとりをつくるといっても、
大げさに考える必要はない。
この程度でいいのだ。

「仕事が生きがいだ」という人は、案外多い。

こういう人は仕事が順調なときには、つらいことや悩みごとがあっても、仕事が逃げ場所になる。ところが、仕事上でつらいことや悩みごとを抱えてしまうと、仕事は逃げ場所でなくなるどころか、苦痛そのものでしかなくなる。おまけに他の逃げ場所もないから、中には、うつ状態にまでなってしまう人もいる。

このような人たちに私は、「何か趣味をお持ちなさい」とすすめている。趣味さえあればうつ状態にならないと請け合うことはできないが、万一なってしまっても、しのぎやすいのは確かである。

医者である私が文章を書くようになったのは、昭和二十八年に父が亡くなって、ある雑誌から父の葬送記を依頼されたのがきっかけだ。

書くようになって気づいたのだが、書くことは私にとってまたとない気分転換の方法だった。何かについて書こうと思うと、物事なり人間なりをいろいろな視点から掘り下げてみるようになる。また、書くという作業を行って初めて見えてくるものがあることを知った。

さらに思いがけなかったのは、書くときの思考が、診察など他の作業とはまるで違うということだ。おそらく文章を書くことだけでなく、絵をかいたり、碁や将棋をしたり、家事をしたりといったことも、それぞれ異なる思考でできているのだろう。それぞれの作業をするたびに、頭の働きも切り替わる。

私はもともとカメレオン人間と自称するほど趣味が多く、いつも違うことばかりしている。人生の中で、ブラブラと寄り道を繰り返しているようなものだ。

脇道に入っていくことも多いが、それがまた楽しい。そんなふうに生きているうちに、自然とスピードが落ちてきて、ゆっくりと生活ができるようになった。

さらに言えば、そのほうが、なぜか、仕事もはかどるのである。

「待つ」と言っても、大げさに考える必要はない。この程度のことでいいのだ。ちょっと立ち止まってみてブラブラすること。これが心のゆとりにつながるのである。

今はたっぷり時間をかけて
「寝かせる」とき、
なのかもしれない。

学生時代の試験と言えば、一夜漬けという思い出がある人も多いだろう。友だち同士でヤマを張り、語呂合わせで暗記したりしたものだ。しかし、こういう勉強の仕方では、試験が終わると、すべてのことを忘れてしまう。その場しのぎの勉強だからいたしかたない。

一方で、不器用で覚えが悪いようなタイプの人が、あるときを境にぐんぐんと頭角を現すことがある。それまで地道にコツコツやってきたから基礎がしっかりできていて、そのうえに新たに積み重ねられる知識もどんどん吸収していく。

人はナスやキュウリではないから、なかなか一夜漬けというわけにはいかない。

何かことを成す上で、ある程度の時間は不可欠である。早く結果を望む気持ちはわかるが、よい結果を生むにはあまり焦らないこと。急がないことが大切だと思う。

ゆっくり時間をかければ身に付くものを「早く、早く」とせかされれば、嫌気もさすし、放り投げたくもなる。

一流のワインや日本酒がどうやってできるかご存じだろうか。芳醇な仕上がりにするために、たっぷり時間をかけるのである。いわゆる「寝かせる」という作業である。人間もまた同様だ。

人生を焦る必要はない。周囲のスピードが気になっても、今は自分自身を寝かせている最中だ、そう思うことである。そうすれば、気持ちも楽になるし、身に付くべきものも自ずと身に付いていくのである。

待った時間が長ければ長いほど、
抜け出したときの喜びは
大きくなって戻ってくる。
「やっとこの日が来たか。
でも、待たされたかいがあった」と
思うはずだ。

人気の料理店にはいつも行列ができている。何時間待ってでもそのお店の料理を食べたいと思う人がたくさんいるのだろう。「そんなに待ってでも、食べたいのか」と思う人もいるだろうが、おそらく「そんなに待ってでも、食べたい」のである。

その店の食べ物がおいしいことは間違いないはずだが、人間は待てば待つほど、おいしく感じるのではないだろうか。

「こんなに待ったんだから」という気持ちが「ああ、ホントにおいしい」という満足感を高めてくれるのである。一時間待てば、一時間分の気持ちが凝縮され、二時間待てば二時間分の気持ちが凝縮されて、おいしさとなって戻ってくる。

待つことは必ずしもつらいことではなく、その後の喜びを大きくしてくれることが多い。我慢して待つからこそ、喜びが増幅されて返ってくる。

待つ行為は、実は、喜びを増やす行動だと言えるかもしれない。待っていればいるほど、その後の喜びは大きくなっていくのだ。

だから現在、悩みがある人は、少し待ってみるといい。確かに、しばらくは時間がかかるかもしれない。待っている間は少しつらいかもしれない。

しかし、少し気持ちを変えてやり過ごせば「いい思い出だった」と思えるときが来る。しかも、かかった時間が長ければ長いほど、そこから抜け出した喜びは大きくなって戻ってくる。

「やっとこの日が来たか。でも、待たされたかいがあった」と思うはずだ。

ネガティブな気持ちは、
たった一つのきっかけで、
ポジティブに変わる。

人生はオセロゲームのようなものだ。今まで真っ暗だと思っていたことが、一瞬のうちに明るく輝き始めることもある。

もしも今、あなたがネガティブに考え落ち込んでいたとしても、たった一つのきっかけでポジティブに考えられるようになるときが、やがてやってくる。


これを裏付けるのが先人の知恵だ。

例えば「急いては事を仕損ずる」ということわざがある。

これは、あまり急ぐとかえって失敗を招きやすいという意味だが、「善は急げ」のように、よいことをするのに躊躇するなということわざもある。まるで矛盾するようなことわざが平気で共存しているのだ。

「先手必勝」もあれば「駄馬の先走り」もある。

どちらも真実。つまり、世の中のことは、一面だけではとらえられないということである。

表から見るか裏から見るかで、見えるものが変わってくるし、時間の経過とともに刻一刻と変化する。だからどんなときも、いずれプラスに転じると信じて待つことが大切だ。

「急げ」と「待て」。
生活のスピードをコントロールして、
自分の望むほうへ進んでいこう。

私たちは、自分の人生に「急げ」と「待て」の両方の命令を出すことが必要だ。あるときは、「急げ」。あるときは。「待て」。

「急げ」だけでは、体も心も持たない。かと言って、「待て」だけでは、前に進んでいかない。両者をバランスよく行ったほうがいい。

同時に、この両者はお互いに影響を及ぼし合っている。必要なときには急いで仕事をやり終えたほうが、その分だけ、ゆとりの時間を多く持てるものだ。

一方、ときどき自分に「待った」をかけて、十分に休息をしたほうが、エネルギーがたまって、必要なときに急ぐことができる。

このようにして、アクセルとブレーキをうまく使って、生活のスピードをコントロールしていけば、人生そのものをコントロールできるようになっていく。

あなたが、アクセルを踏みすぎてオーバーヒート気味の毎日を送っているならば、ときどきブレーキをかけてみよう。

問題が山積しているガタガタした道にさしかかったら、徐行したほうが通りやすい。ガソリンが減ってきたら、停車して給油したほうがいい。調子が悪いときには、点検したほうが安全だ。

あなたの人生はあなたのものだ。
自分の望む方向にコントロールしていこう。

自分を少し好きになる方法

第3章

みんなどこか違っている。
どこかでっぱっていて、
どこかひっこんでいる。
普通の人なんて、
ひとりもいないのだ。

アンケートをとって、「平均」を出すという方法がある。平均給与は、平均身長は、平均の友人の数は、等々である。自分が「平均的」であるのかどうか、まわりと比べてどうなのか、気になる人もいるだろう。そして、

「普通の人はたくさん給料もらっているんだな。こんなに頑張っているのに自分はこれだけしかもらえないのか」

「私ってほかの人より友達の数が少ないんだ。もしかして私ってどこか変なところがあるのかもしれない」

と、「平均」を基準にして、自分が「普通」でないことに悩む人がいる。

しかし、「平均像」など、実はどこにも存在しない。

周囲を見てほしい。この人こそ「平均的な人」「普通の人」だと思えるような、「平均君」「平均さん」がいるだろうか。

たぶん、いないはずだ。

みんなどこか違っている。どこか変わっている。癖がある。

どこかでっぱっていて、どこかひっこんでいる。何もかも平均の人など、ひとりもいないだろう。

よくよく考えれば当たり前の話である。

そもそも、この違っている、変わっているという点が個性という、あなたをあなたたらしめている貴重なものではないか。

統計というのは一つの目安でしかない。あくまでも数字の上のもので、現実のものではない。

だから、誰かが「普通はこうだ」「たいていこうするもんだよ」と言っても、必要以上に気にして悩んだり、落ち込んだりする必要はない。

「そんなの、たったひとりの意見じゃないか」と、おおらかに思えばいい。実際、そうなのだ。私がここで書いていることにしても、それはあくまでも私の考えであって、平均でもないし、絶対的に正しいことでもなんでもない。

平均にこだわるのは、この情報化時代の弊害の一つとも言える。どれもこれも知らないと、自分が後れているように感じるのだ。

平均や普通を気にして悩むあなたは、きっと素直な心の持ち主なのだろう。人の話を素直に受け止める、それ自体はとても素晴らしいことだが、それに振り回されてしまったら、せっかくの自分を見失ってしまうだけだろう。

「平均」「普通」なんか、放っておいたほうがいいと私は思うのだ。

他人の評価は、
あなたを取り巻く状況を
変えるかもしれないが、
あなた自身を変えることはない。
したいことを納得できるまで
やってみよう。

ゆとりを持ってゆっくり生きるのは簡単ではない。なぜなら他人の目が気になるからだ。

しばしば、ゆとりは怠けていることと同一視される。上司の前、部下の前では「仕事のできる人」でいたい。家族や恋人からは「頼もしい」「素敵」と思われたい。だから、のんびりなんてしていられないのである。

自分をよく見せたいと思うのは自然の感情だ。しかし、それにも程度がある。背伸びをして見栄を張る。虚勢を張る。知ったかぶりをする。悪意はなくとも、つい格好をつけてうそを言ったり、物事をごまかしたりするようでは、いずれぼろが出る。一見自信にあふれて見えても、その内では神経をすり減らしていく。人は他人のことばかり気にしていると、自分を見失ってしまう。自分のすべきこと、したいことがわからなくなってしまう。

他人からよく思われることよりも、自分がやりたいことを見つけて、自分らしく生きていくことのほうがずっと大切なのではないだろうか。

他人の評価は、あなたを取り巻く状況を変えるかもしれないが、あなた自身を変えることはない。

他人のことなど気にせず、自分のやるべきこと、自分のしたいことを納得できるまでやってみよう。好きな仕事や自信はそうした中から手に入れることができるのだ。

不思議なことに、自分の好きなことをやって自信が出てくると、他人の評価も他人のことも気にならなくなる。自分の人生に責任を持とうという気持ちにもなれる。

自分は自分と居直ってみてはいかがだろうか。そのうち他人の評価もついてくるだろう。あまり人の目を気にせずに「そのうち評価されるさ」と思って待っているくらいでいい。

劣等感は、
もっとよくなりたい気持ちの
裏返しだ。

自分には才能がない。能力がない。魅力がない。自分は人より劣っているという劣等感にさいなまれる。

しかし、そういった感情は、実は誰の心にも訪れるのである。

アメリカのある大学で学生を対象にして、劣等感を抱いているかどうかを調査したことがある。その結果、九十三パーセントの人が劣等感を持っていると答えた。たいていの人間は劣等感を持っているものなのである。

むしろ私からしてみれば、劣等感がないと答えた、残りの七パーセントの学生のほうに問題があると思う。劣等感がないという人は、躁病か躁的な性格異常の可能性がある。

劣等感というのは、ある程度必要なものなのだ。劣等感を抱くということは、自分がもっとよくなろうと思っていることの裏返しである。自分を向上させたいという意欲があるからこそ、周囲の魅力的な人のことが気になるし、自分の欠点も見えてくるわけだ。

ただし、劣等感にさいなまれてしまって、自分は不幸だ、ダメ人間だとグズりながら、自ら何かを積極的にやろうとはせず、不満や愚痴だけを並べているようではいけない。

幸福というものは、自分の気持ち次第である。「私はダメだから」と決めつけてしまったり、自分を嫌いになったり、心を閉ざしたりせずに、「今の自分はダメだけど、いつか、なりたい自分になれるんだ」と前向きに考えるのがいい。

確かに、劣等感というものに一度とりつかれてしまうと、立ち直ることは簡単ではない。けれども、劣等感というのは誰にでもあるものだということを認識して、この恥ずかしさや情けなさを克服しよう。

劣等感を適度に持っている人のほうが挫折にも強いし、常に努力をしようという前進のエネルギーを持っているから、いい生き方ができる可能性が高い。

「劣等感はイヤだ」ではなく、「劣等感こそ歓迎すべきだ」と考えてみてほしい。

コンプレックスとは、
あなたをあなたたらしめている
大切な個性の一要素だ。
嫌いであれば欠点のままだが、
好きになれば長所にもなる。

人間は、いろいろなコンプレックスに悩まされるものである。

代表的なものの一つが容貌に関するコンプレックスだろう。太っている、目が小さい、足が短い、肌が荒れているといった体のことから、ヘアスタイルがキマらない、どんな服を着ても似合わないといったことまで、容貌に少しでも欠点を感じる要素があると、人間は憂うつな気分になり、場合によっては自己嫌悪に至って始終悩まされることになる。

こうしたコンプレックスを解消するには、ちょっとした発想の転換があればいい。ある女性が教えてくれたことだが、彼女は少々のコンプレックスであれば、会話の中でネタにしてしまい、憂うつな気分を発散させているという。本人はそれなりに気にはしているものの、気に病んだところで変えられるものでもないし、人の視線に過敏になるのもイヤだから、話の中で面白おかしくネタにしてしまうのだという。すると、人から指摘される前に自分から言うことで気持ちは楽になる。さらに相手との間にある壁が取り払われるような感じがして打ち解けられるし、そのうちコンプレックスも魅力的に思えるようになってくるのだという。

コンプレックスとは、あなたをあなたたらしめている大切な個性の一要素なのだ。あなたが、その部分を嫌いであればそれは欠点のままだが、好きになれば長所にもなり、まわりの人も大切な個性として認識するのである。

また、自分は落ちこぼれだとか、自分は二流だなどという、優劣に関するコンプレックスに悩まされるのもやめにしたい。このようなことにこだわり悩む人は、いわゆる一流高校から一流大学、そして一流企業に就職することが人間として優れていることだと思い込んでいる人に多い。

しかし、この「一流」とは何だろうか。歴史があるからか、給料が多いからか、偏差値が高いからか、株式市場に上場しているからか。結局、その基準などはっきりしない。それは社会がつくりだした虚構にすぎない。絶対的な優劣などないのである。

そもそも、人の価値に差がないことくらい、よく考えればわかることだろう。

優れた人生の生き方とは、誰になんと言われようとも自分の選んだ道を行くことだと私は思っている。

満足するところに、進歩などない。
「私は無能だ」と悩んでいる人には
可能性がある。

テレビを見ていたときのこと。中学校を卒業して料理店で修業をする料理人志望の子どもたちの様子と、その後を追ったドキュメンタリーが放送されていた。

当初、二十人近くいた子どもたちのうち、厳しい修業に耐えて二年後に店に残っていたのは、当初何をやらせてもダメな男の子と女の子だった。

かつての仲間が店を訪ね、二人の料理を食べてしばし絶句し、こう言った。

「昔は自分のほうが料理が上手いと思っていたけど、二人のほうがずっと上でした」

人よりも動きが遅く、声も小さくて、先輩に叱られてばかりいた女の子は言った。

「私はこの仕事がダメだったら終わりだったから、ほかの仕事がなかったから、頑張るしかなかったの」

自分の状況を自覚し、時間をかけて努力すれば、才気煥発な人間に勝つことができる。改めて教えられたものだ。

自分には才能がない。力がない。何をやってもうまくいかない。

誰もが一度や二度はこんなふうに落ち込んだことがあるだろう。

劣等感とは自分が他人より劣っているという感情である。つまり、劣等感を抱くのは、自分がもっとよくなりたいと思っていることの裏返しだ。自分をより高いレベルに引き上げたいという意欲があるから有能で魅力的な人のことが気になるし、自分の欠点も見えてくる。

劣等感を感じたら「よし、自分には向上心がある、頑張ろう」と前向きに考える努力をしてほしい。

そもそも悩み多き人であることは決して悪いことではない。物事を深く考え、自分自身を省みたり、他人との関係を改善したりする起爆剤となり得るからだ。苦悩を乗り越えることで人間的にも成長する。

つまり、劣等感を持つということは、自分自身と向き合うチャンスを得たということである。

「私は無能だ」と悩んでいる人には可能性がある。だから「大いに悩みなさい」と私は言いたい。

満足するところに、進歩などない。より高きを目指して、困難に立ち向かおうではないか。

他人との比較はたいていにおいて無駄であることが多いが、それを目標にしたり、励みにしたりするときには力になる。悩み、自分の欠点を自覚した上で、大きな一歩を踏み出そう。

青い鳥は、
あなたの身近にいる。

「自分は不幸だ、不幸だ、ちっともいいことがない。いつになったら幸せをつかむことができるのだろうか」

こんなふうに自分の人生を決して肯定的に見ようとしない人がいる。しかし、そんな人に限って、まわりからは十分に幸せな人生を送っているように見えるのである。


ある大会社に勤める人は、口を開くたびに、自分がその会社に就職したことがいかに間違っていたかを延々と話し始める。はたから見れば、優良企業に就職し、いい収入を得ているにもかかわらずである。家庭の話題になっても、家庭がうまくいっていないことをほのめかし、自分の結婚が間違っていたことを訴えるのである。

メーテルリンクの童話に、二人の子ども、チルチルとミチルとが幸福を象徴する青い鳥を探して、さまざまな国を遍歴する物語『青い鳥』がある。この話にちなんで、自分のほんとうにやりたいことは別にあるに違いない、自分にふさわしい場所や立場が他にあるはずだと考える人たちのことを、「青い鳥症候群」と呼ぶ。

一流企業に入社しても数年で辞めてしまったり、転職を繰り返したり、大学に戻ったりするなど、主に仕事にかかわる現象を指すが、これは日常生活でもしばしば見受けられることだろう。

自分の現実に飽き足らず理想を追い求める。このような考え自体は悪くはない。しかし、それなりの生活を得ているのにもかかわらず、いつまでたっても現状に満足ができず、不満ばかりこぼしているようでは首を傾げざるを得ない。

たぶん、こうした人たちにとっては、何もかもが間違いなのだろう。何がどうなろうとも、これでよかったと思うことはないのだろう。

「～だったら」「～すれば」と自分の可能性を次々試していくことも、度がすぎれば結局、手元には何も残らないということになる。過去ばかり振り返っても何も変わらないし、先のことばかりを考えすぎてもいけない。

自分で感じているよりも、あなたは十分幸せである。青い鳥を探し続けたチルチルとミチルも最後には、それが自分たちの身近にあったことを知るのである。たまには腰を落ち着け、足元の現実を少しずつ積み重ねて、明るい未来をつくっていこうではないか。それが、ほんとうの幸せへの最短の道である。

ほめて育つのは何も子どもだけではない。
大の大人でも、自分をきちんとおだて、
ほめてあげることが必要なのだ。

「自分のあそこがイヤだ、こういうところも嫌いだ」

自分で自分の欠点が気になったり、劣等感にさいなまれて自己嫌悪におちいったりしたとき、人間はいちばん落ち込み、悩むのではないだろうか。

しかし、自分のことを好きになるのは、実はそんなに難しくはない。


自分が好きになれないところを、「偏り」や「歪み」と呼ぶことにしよう。

ところが個性というものは、それがどんなに素晴らしい才能や美徳であっても、その本質は「偏り」や「歪み」なのである。

ただ、自分や人を幸せにできるものは「個性」とされ、逆に不幸な気分にさせるものは「偏り」や「歪み」と呼ばれ嫌われる。しかし、どんな「偏り」も、「個性」に変えることができるのだ。

私がよくやる、「偏り」を「個性」に変換していく方法を紹介しよう。

私は、いろいろな会の会長や理事にまつりあげられてしまっているためか、たいへんな社交好きだと思われているようだ。しかし私の中には、世間の方たちには想像もつかないほど強い内閉的性格もある。会合の時間が近いのに突然、人と会うのがイヤになってしまうようなこともある。

このように自分の嫌いな部分がむくむくと頭をもたげてきたら、例えば私は私自身に、こう言い聞かせることにしている。

「なんだかんだいっても、この間は楽しかったじゃないか。今日も出ればきっと何か面白いことがあるさ」

「久しぶりに会いたいと言ってくれた人が来ている。あの人に会って話をするだけでもかまわないじゃないか」

そして、なんとか無事に会合が終わったあと、また自分を「よく頑張った」とほめてあげるのだ。

なんだか、聞き分けのない子どもをなだめ、おだてているようだが、大の大人でも、自分をきちんとおだて、ほめてあげることが必要なのだ。ほめて育つのは何も子どもだけではない。

ほめるということは、自分の嫌いな部分を認め、それをうまく生かせる場所を探し出していくことである。そうすれば、その嫌いな部分も人に喜ばれる長所になる。

そしていずれは、自分で自分のことをほめる前に、まわりがあなたをほめてくれるようになるのである。

いい顔はつくれる。
何歳からでも遅すぎることはない。

女性も男性も「美人になりたい」「カッコよくなりたい」と思い、悩むのは自然なことである。そして、大半の人は自らの努力でもって要望をよりよくしようとする。最近はプチ整形というのが流行っていて、気になる部分を気軽に整形手術する人が増えているそうだ。以前のような抵抗感もなくなり、プチ整形ではなく本格的な整形手術をする人も少なくない。

この美容整形で気になっていた箇所を直して、明るく前向きになれたという人がたくさんいる。整形によって自信を持てるのならば、それはそれでいいことだと思う。

ただ、あなたが内向的な性格で、それが自分の容貌のせいだと考えていても、整形する必要はない。

内向的なのは、美人になりたいという気持ちに縛られて、心が安定していないだけのことである。それに、一度整形をすると次、その次と要求水準がどんどん高くなり、常に現状に満足できなくなってしまう恐れもある。

そのような人は、まず「いい顔つき」になる努力を始めよう。

容貌というのは「心」と「教養」と「顔かたち」から成り立っている。「顔かたち」を整えれば美人にはなれるかもしれないが「いい顔つき」にはなれない。「教養」を磨き、「心」を安定させて初めて自分らしい美しさを感じさせる容貌ができあがる。「二十歳の顔は、自然の贈り物。五十歳の顔は、あなたの功績」と言ったのはココ・シャネルだ。

誰でも若いときの顔は美しい。何もしなくても肌はみずみずしい輝きを放ち、体全体からエネルギーが満ちあふれている。それこそ若さの特権と言えよう。ただ残念なのは、このようなときは自分本来の美しさに目を向けないということだ。

一方、五十歳になると、確かに「いい顔をしている」と思える人もいるが、そう思えない人がいるのも現実だ。

ここで言う「いい顔」はおわかりと思うが「いい顔つき」である。その人の功績が顔に出ているのだろう。功績とは、頑張って働いて地位と名誉を得て、お金をたくさん儲けることだけを意味するのではない。

もちろん、「いい仕事をする」ことで人生は充実するが、それと同じように「いい遊びをする」ことも大切である。

仕事一筋では、きつい顔になってしまいそうだし、反対に遊んでばかりでは、ふ抜けた、だらしない顔になってしまうだろう。毎日鏡を見ていれば思い当たるフシがあるのではないだろうか。その積み重ねが顔に表れるのだ。

若いときに容貌のみを整えれば、年齢を重ねても、いい顔つきになれるものではない。よく働き、よく遊ぶ。いい仕事と、いい遊びのちょうどいいバランスが「いい顔」をつくるコツである。もちろん何歳からでも遅すぎることはない。

「昔はよかった」は、ほんとうだろうか。
今の状況も、あとで振り返れば、
「よかった」と思えるのではないか。
今あるちょっとした喜びを、大切にしよう。

現在の自分が置かれている状況がつらいものだと、ついつい昔のことを振り返ってしまうものだ。

「昔の自分はいきいきしていた」

「以前は誰とでも仲よくやって、人間関係に困ることはなかったのになあ」

と、過去のいい思い出を思い返し、懐かしみ、そしてやがて現実に引き戻される。


そのときに、またあの頃の自分に戻れるはずだ、と意欲がわいてくるのならばいい。しかし、現実逃避の手段として過去の素晴らしい日々を振り返るという人も、決して少なくはないのである。このような人は、再び現実に直面すると、その厳しさをなかなか受け入れられず、また過去へと逃げ込み、状況はいっこうに改善されないということになる。

ただ、こうした「あの頃」というのは、ほんとうにすべてがいいことずくめの毎日だったのだろうか。そう自分で問い直してほしい。

よくよく思い返してみれば、そこにはあまり思い出したくない出来事だって少なからず存在していたはずではないか。

人間は過去を美化するというのは、よく言われることである。ちょっと嬉しかったことでもすごく嬉しかったことのように思えたり、実際にはイヤだったことすら都合よく解釈して、よかったことにするのである。言ってみれば、今思い返している過去の出来事というのは、必ずしもすべてが事実ではない可能性があるということだ。

たまに過去を振り返って懐かしむということを、否定はしない。しかし、それにどっぷり浸かって何もできないでいるというのは問題だ。

ただ忘れているだけで、実は過去にもイヤなことはたくさんあったのであれば、今あるイヤなこともいずれ忘れてしまうはずだ。もしかしたら、今のこのつらいことも、いずれ振り返ってみるとよかったと思えるようになるかもしれない。そして、今あるちょっとした喜びを、大切にしよう。いつかは大きな喜びと感じられるようになるはずだ。

それでも、どうしてもつらいと感じるという気持ちもわからなくはない。「過去の栄光」に縛られている人には次のようなメッセージを贈りたい。

「あなたの未来は、すべてあなたのものである。必ずあなた自身の手で変えられる。不幸にしかなれない人生などない」

人との競争ほどツマラナイものはない。
人生に比較はいらない。
自分に対する評価は自分自身で下すのだ。

他人のしていることが気になって仕方がない。

他人にどう思われているのか気になってしまう。

普段はそうでもなくても、ときどきこういう状態におちいることはないだろうか。

自分の仕事に対する他人の評価が気になり、また他人のしている仕事がうらやましく思えたりする。


「上司は私のことを認めてくれているのだろうか」

「自分はまわりからデキると思われているだろうか」

こんなことばかり考えているのは、自分に自信がないからだろう。

「なぜあの仕事は自分ではなく彼に任されたのか」

「あの人のしている仕事は私の仕事より面白そうだ」

こんな考えに支配されて苦しむのは、会社での自分のポジションに不満があるからだろう。自分自身に自信が持てなければ落ち込んで、ますますやる気をなくしてしまうのである。

さらには、「こんな企画を出しても、バカにされるだけだろうな」「どうせこんな提案は通らないさ」と、自分の気持ちよりも他人の評価を優先して、行動にブレーキをかけてしまう。当然、自分のことは卑下して見ることになる。

こうなると大変だが、解決方法は意外とシンプルだ。

まず、余計なことは考えずに、今やるべきこと、与えられていること、やりたいことをきっちりとやることである。

自分に対する評価は自分自身で下すものだと、自らを納得させることだ。自分がいいと思っていればいいじゃないかと、自分に対してほどよい居直りをする。人間というのは、他人のことばかりを気にしているうちに自分を見失ってしまうものである。

自分のするべきこと、したいことがわからなくなってしまう。やがてそれが態度にも表れて、オドオドしたり、卑屈になってしまうことになる。

また、意味のない比較をしないことである。他人のことはどうだっていいじゃないかと思うことはできないだろうか。

人に負けたくないという気持ちは、物事を成功に導くエネルギーともなる。しかし、そのエネルギーが「負ける恐怖」との戦いに振り向けられると、気持ちにゆとりがなくなり、緊張で疲れ果ててしまう。

人と比べて自分の欠点をあげつらっても仕方がない。人生を明るく生きていくためには、自分を肯定的に見ることが大切なのだ。

自分を信じてリラックスしていれば、実力も発揮できる。現実を楽しもうと思う姿勢があれば、楽しみが見つかる。そうしているうちに、好きな仕事や自信を手に入れることができるものである。

人との競争ほどツマラナイものはない。人生に比較はいらないのである。

まわりの人たちの悩みが、
あなたにとっては
たいしたものでないように、
あなたの悩みも、
まわりの人たちにとってみれば
たいしたものではない。

自分にとって自分の悩みは重大事だが、他人の悩みというのは「なんでそんなことで悩んでいるの？」と不思議に思えることがないだろうか。

ここにも前向きに生きるためのヒントがある。

ある男性は、自分が離婚経験者であることを心の負担に思っている。「自分は一度結婚に失敗した男であり、別れた妻がいる」ということを、現在の彼女に対して申し訳なく思っている。

彼女は自分よりずっと若く、他にもっといい男と結婚するチャンスがいくらでもあるように思える。ほんとうに自分でいいのだろうか。彼女は平気な顔をしているが、実は別れた妻のことを気にしているのではないだろうか。

ところが彼女と話をしてみれば、全然そんなことは気にしていないのである。今時バツイチの人なんて珍しくないじゃない、バツイチの男性と結婚している友達けっこういるわよ、とケロッとしたものである。

結局、悩みというものは本人のこだわりでしかない。この彼は離婚は人生の挫折だと思っている一方、彼女のほうはちっともそうは思っていない。つまり、彼は彼女に対して負い目を感じる必要はまったくないのである。

そう考えると、彼の悩みは空想や妄想によるものでしかない。自分でその妄想から抜け出すしかあるまい。

あなたの悩みも、そんな空想的なものではないだろうか。現実に困ったことが起きていないのに、勝手にいろいろ予測して困ったり、相手の気持ちを推し量りすぎて悩んだりしていないだろうか。

自分の悩みを話してしまえば、それだけですっきりすることもある。

「みんなもそうなのか」「みんなこんなことは全然気にしていなかったのか」ということが意外と少なくないはずである。また、人間である以上、ほかの人たちもあなたと同様に、まわりの人から見れば悩みとは思えないことで悩んでいるはずである。

まわりの人たちの悩みが、あなたにとってはたいしたものでないように、あなたの悩みも、まわりの人たちにとってみればたいしたものではないのである。

そう考えれば、気持ちの持ち方がずいぶん変わってくるのではないだろうか。

人間関係の悩みが晴れるには

第4章

完璧な人間関係などないのだ。
ほどほどのところで満足し、
わかり合えた部分を喜び、大切にしよう。

対人恐怖症ぎみの人というのは、相手が何を考えているのかわからないと感じ、何をするにしても二の足を踏み、行動範囲を狭くしている。もしもあなたがそんな心配をしているのなら、どうということはない。

実は、相手もまた「相手の心がわかった」と思いたいのであって、ほんとうは相手の心がわからず、他人が怖いのである。だから、たいていの人は「あの人はこう考えているのだろう」と勝手に予測してわかったつもりになって、恐怖や不安を軽くしているのだ。

相手が何を考えているのかさっぱりわからないと不安だ。不安だから予測を立てて行動する。そしてときに失敗する。他人の考えていることなどわからなくて当たり前なのだから、失敗があってもおかしなことではない。

ところが、対人恐怖は、この失敗にこだわってしまうことから生まれる。見当はずれな行動をして相手に嫌われるのではないか。そんなふうに恐怖や不安に縛られてしまうのである。

しかし、人間は行動しなければ、相手の考えていることがわかるようにはならない。厳密に言えばわかるようになるわけではないが、慣れるし、経験から予測も当たるようになる。

また、こんなふうに考えることもできるだろう。あなたが、相手から見当違いなことをされたり、誤解にもとづいたことを言われたとしても、それが親しい人だったら平気だろう。逆にそれほど親しくない人に言われるとショックだ。

つまり、人を恐れてばかりいないで、まず相手と親しくなることを心がけよう。そうすれば、多少の見当違いでも相手はきっと許してくれる。人を恐れて付き合わないのではなく、付き合うことで恐れがなくなっていくようにするのである。

反対に、相手のことを完全にわかったつもりになっている、そして自分のことも相手にわかってもらわなければ気がすまないというのも問題だ。

少しは理解は深まっているはずなのに、完璧を求めすぎて「もっとわかって」「どうして理解できないのか」とイライラする。そうすると逆に相手との間に溝ができてしまうことに気づきたい。

自分が思っている以上に相手の心を理解することはできるものだが、さりとて完全に理解できるということは決してない。それは相手も同じである。完璧な人間関係などないのだ。ほどほどのところで満足し、わかり合えた部分を喜び、大切にしよう。

なんとかコミュニケーションをとろうと
しどろもどろでも、頑張っていれば、
ときには恥をかいたり、
イヤな思いをするかもしれないが、
受け入れてくれる相手は多いのだ。

誰か人と会うと思っただけで不安に襲われ、相手を目の前にすると、どきどきしてうまくしゃべれない。話そうと思っていたことを忘れてしまう。これではいけないと思うと、いよいよしどろもどろになってしまう。

誰にでもこうした傾向はあるが、そんなことが続くと、人付き合いが億劫になる。そしてもっと社交的にならなければと思う気持ちのはざまで苦しむことになる。人がたくさんいるところに行くのがつらい。人と話すのが苦手。積極的にならなければならないとわかっていながら、それができない。もしあなたが、そのような傾向にあり悩んでいるのなら、いい方法を紹介しよう。

ある社交上手な女性は、話の手がかりが持てない相手に対しては、他の人と話しているのを五分ほどじっと聞いているのだという。もしくは、ひたすら話の聞き役にまわるのだという。そして、相手のことをおおよそ理解して、それから話に参加していけば話がかみ合わないこともないし、気まずさも少なくてすむという。そしてなんとか共通の話題を持てたら、その話題をうまく利用して、相手との関係をリラックスしたものにさせるのだそうだ。

もっとも、これは上級者向けのものだと言えるだろう。

一般に、人付き合いが苦手だという人は、どちらかといえば神経質で内向的な性格の持ち主で、劣等感を抱えているようだ。特に若ければ若いほど、世の中のことは知らないし、自分の能力もわからず、人生経験も少ないから、人と対したときに不安や恐れを感じてしまうのである。

しかし、厳しいことを言うようだが、そこで恐れをなして心を閉じてしまうようでは、相手だっていつまでたっても心を開いてくれはしまい。逆に、しどろもどろでも、なんとかコミュニケーションをとりたいと頑張っていれば、ときには恥をかいたり、イヤな思いをすることもあるかもしれないが、受け入れてくれる相手も少なからず存在するのである。

仮に失敗したって、たかが人間関係と開き直りたいものである。人生に失敗はつきものである。ましてや会話がうまくいかなかったからといって、それで人生が終わってしまうものでもない。

人と会って顔が赤くなったり、しどろもどろになったりする自分を嫌いにならず、そのうちよくなると、あきらめてしまわないことが肝要である。

社交上手になるのは、何も難しいことではない。

ちょっと勇気と根気を持って、焦らず、気楽に努力を続けることである。

口下手な人は、
上手にしゃべろうとしなくていい。
視点を変えれば
実は大きな力を持っている。

あなたは、自分が口下手だ、話すのが苦手だと悩んでいないだろうか。言いたいことが言えず、人をイライラさせてしまう。内気な人はこれがコンプレックスになって「相手を怒らせるくらいなら、しゃべらないほうがいい」と口をつぐんでしまうことがある。

しかし、あまり思い悩む必要はない。例えば営業職では、口が達者で取引先を自分のペースに巻き込んでしまう人が有能とされる。一方で、そのような人は口がうますぎて相手に不信感や警戒心を持たれ、関係がギクシャクすることも少なくない。

あくまでも私見だが、外向的で口の達者な人は最初は好成績を上げるが、時間が経つにつれ、内向的で口下手な人が伸びてくるようだ。

人は自分の求めていること、考えていることを引き出して、大切にしてくれる人を信頼する。内向的で口下手な人はお世辞も調子のいいことも言えないから、相手の心をつかもうと必死で努力する。口数が少ない分、一つひとつの言葉に重みがあるし、つきあいを重ねるうちに相手に誠意を伝えられえるようになる。そうした積み重ねが、年数を経ると聞き上手として結実するのである。

一方、しゃべるのが得意で明るい人は、自分の話題に頼る傾向がある、逆に相手が求めていること、考えていることを引き出せず、聞き上手になれない。

だから、口下手な人は、上手にしゃべろうとしなくていい。

企業のトップを見ても、口八丁もいるが、とつとつと話す人も案外多い。聞き上手のタイプである。人は自分の話をよく聞いてくれる人に好感を抱くものだ。

口下手な人が聞き上手になるコツは、ゆっくり話し、ゆっくり聞くこと。

大切なのは、誠意を伝えることである。これはどんなコミュニケーションにも共通するポイントだ。具体的には上手に相づちを打つことである。それも、こちらの感情や考えが相手に伝わる形で、だ。

例えば感動的な話や悲しい話には、目をつぶって深くうなずいたり、下を向いたり、相手の目を見つけたりして気持ちを伝える。また、相手が話に詰まったら「それで」と先を促してみる。そして再び話し出すまでゆっくり待つ。間が空きそうだったら、それまでの話を要約してみる。

話をじっくり聞く力をもってすれば、口下手な人も十分に世の中を渡っていける。内向的で口下手な人も視点を変えれば実は大きな力を持っている。「ダメだ」と卑屈になる必要などないのである。

断ったときの心の状態を
イメージしてみよう。
あの爽快感が味わえると思えば、
断る勇気もわいてくるというものだ。
できるだけ早く
あの心地よさを味わおうではないか。

本来ならば断わるべきことを、相手の押しが強く、あるいはさまざまなしがらみがあって、どうしても断り切れないということがある。

このとき観念してしまうと、たいてい後悔を招く結果になる。

初めからわかっているのなら断ればいいのに断れない。断った後の相手との関係を心配するから、決断できないのである。

これは、断ることで相手に不利益が生じ、それによって人間関係が悪化するのではないかという危惧である。

しかし、断らなければ不利益をこうむるのはこちら側である。ここはもう少し自己中心的に考えてもいいのではないだろうか。確かにこちらが引き受ければ相手は喜んでくれるかもしれないが、自分を大切にすることも忘れてはならない。

人間関係はＷＩＮ―ＷＩＮが理想である。ただそれが難しい場合、どちらか一方が不利益を被る。問題は、それが自分なのか、相手なのかである。

自分が不利益を被る場合、最終的にはこちらも利益を得られるような見通しが立っていなければならない。だから、相手が不利益を被る場合も、同じように発想して行動すればいい。今回は相手に不利益を受け取ってもらい、別な機会にこちらが相手のためになることをしてあげる。そうすれば、むこうも悪い気はしないはずだ。

ただ、断るときにそのようなことを言葉にする必要はない。相手は貸しをつくったと思うし、こちらは借りをつくったと思う。そうすると、相手はまた無理なお願いをしてくるし、こちらも断りづらくなってしまう。相手に不利益を与えることを心配するような人なら、貸しをつくったと意識せずとも、そのうち相手のためになることをしてあげられる。心配しなくてもいい。

実は、あなたがふつうに断りさえすれば、相手はさほど気分を害さない。不利益が生じるのならば、それを回避するためにまた他の人のところに頼みに行くと思う。

相手が気分を害するのは、あなたの断り方が悪いからである。

断るべきものだと判断したら、できるだけ早く、直接、はっきり「ノー」を言うのが断り方のポイントである。

返事をするまでに時間がかかれば、あるいは返事をあいまいにしていれば、相手は期待をしてしまうかもしれない。せっかちな人なら、引き受けてもらえるものだと思い、動き出しているかもしれない。そのような状況で断られたら、気分を悪くするのは当然である。

また、人を経由したり、手紙などを使って断れば、相手はまどろっこしさを感じたり、なんで直接伝えてくれないのかと不信感を抱いたりする。

早く、はっきり、直接断れば、その場では、多少気まずくなることがあっても、相手にとっては善後策が講じやすい。後々あなたに感謝することもあるかもしれない。

断ったときの心の状態をイメージしてみよう。あの爽快感が味わえると思えば、断る勇気もわいてくるというものだ。そして、できるだけ早くあの心地よさを味わおうではないか。重苦しい気持ちが一気に解消されるはずである。

早く断ることは自分にも相手にもプラスに働くのである。

傷つきやすい人は、自分から
「人に言われなくてもわかっている」
ことを言うと、ものすごく楽になる。

他人のなんでもない一言に傷ついてしまう人がいる。

「いいなあ、パソコン買ったんだ。何台目だっけ」と言われただけで、「あの人は自分のことを生意気だと思っている。そんなに何台も持っている必要などないと考えているに違いない。嫌われている」と落ち込む。

あるいは、人の視線を感じただけで、「私、きっとどこか変なんだ。服のセンスが悪い？　この場にいること自体が浮いているのかも」などと思い悩む。

他人の何気ない一言が胸に刺さるという経験は誰しもあるが、何かにつけてすぐ傷ついてしまう人は、いわゆる被害妄想の傾向がある。

いかにやさしい人でも、傷つきやすい人の心までは想像できない。「何を言っても傷つく人だな」と思い、気楽に付き合うことができない。そうすると、傷つきやすい人はまわりから「腫れ物に触る」ように扱われるわけだが、そうするとまた「誰も自分と打ち解けようとしてくれない」となおさら落ち込むのである。

このような人は、「なぜ自分が傷ついたと感じるのか」を冷静に考えて、自分がおちいった考えが実は、根拠のない思い込みだと認識するよう努めることだ。だがそれ以前に、自分の行動にもっと自信を持ってもらいたいものである。

パソコンを買うだけの余裕があり、欲しいから買ったのだから、他人がどう思おうと勝手だろう。また、周囲の視線を感じても、実は自分が思うほどまわりは自分のことを注目しているわけではないし、仮に容貌や服装がどうであっても、自分はその場にいる必要があるからいるのであり、自信を持っていいということだ。

もっとも、そう簡単に開き直ることができれば苦労はないだろう。

こういったときには、先ほど触れたコンプレックス克服法が役に立つ。「他人にこう思われるのではないか」という心配があるのなら、人から言われる前に自分から言ってしまうということである。

自分の不安を言葉にしてしまうことで、他人の心に対して疑心暗鬼になることはなくなるはずだ。「そう思われてもいい。自分だってそう思っているのだから」と、おおっぴらに開き直れるのである。

傷つきやすい人というのは、他人からどう思われているかを常に気にしているものである。その気がかりを心にためこんでいってしまうから、指摘されると「やっぱりそう思われてたんだ」「痛いところをつかれた」となおさら傷つく。

「言われなくてもわかっている」ということを表明してしまえば、つまり、自分で先に自分の痛いところをついてしまえば、ものすごく楽になることを知ってほしいと思う。

そして、そのように自分で言ってしまえば、意外と相手はそのことに関してああだこうだと言わなくなるということにも気がつくはずだ。

人といい付き合いができるのは、
それほど傷つけ合わずに、
しかもある程度、暖め合える距離、
つまり、つかず、離れずである。

誰かに裏切られたときほど、心が傷つくことはない。特に自分が信頼していた人から裏切られたときはなおさらだろう。

しかし、そんなときには少し冷静になって、「あの人はほんとうに信頼できる人だったのだろうか」と考えてみるといい。

人間というのは勝手なもので、自分が好きな分だけ、相手にも自分のことを好きになってもらいたがる。実際には、相手はそれほど深い付き合いを求めていないのにもかかわらず、一方的な思い入れで良好な人間関係が成立していると思い込む。

だから、人から裏切られたと思ったときには、例えば一方的に相手に期待しすぎていたのではないかとか、自分は好意的な態度の押し売りをしていたのではないかなど、自分にも責任があったのではないかと疑ってみるといい。

相手も良好な関係だと思っているはずだと過信しているから、人に裏切られたと感じたときのダメージが大きいのである。

お互い信頼関係で結ばれているように見えても、実はこっちの思い入れが強すぎただけのようだ、それほどの仲ではなかったのだ。そう考えることができれば、心も少しは軽くなるだろう。

思うに、人といい付き合いができる距離とは、つかず、離れずである。自分のほうに相手を思いやる気持ちがなければ、うまくいかないし、かといって思いやりや干渉が過ぎたりしても、うまくはいかない。

哲学者ショーペンハウエルの寓話に、寒さにこごえたヤマアラシのカップルが、お互いの身を寄せて暖をとろうとした話がある。

抱き合えば、お互いの体に生えているトゲで刺し合ってしまうし、離れていれば寒くてたまらない。この行為を繰り返しているうちに、お互いそれほど傷つけ合わずに、しかもある程度、暖め合える距離を見つけ出したというものである。

つかず離れずがいちばん。この点を忘れず、もう少し人間関係を気楽にとらえることができれば、あなたが人に裏切られたといって傷つくことも少なくなるはずだ。

友人には
高い理想や望みではなく、
思いやりを持つ。

信頼できる友人がなかなかできない。あなたが、もしそのことで悩んでいるのなら、悩む前によくまわりを見てほしい。

誰かひとりくらい、あなたの話をわかってくれそうな人はいるのではないか。周囲の人に、あなたの気持ちを理解してくれる力がないと思うのは、大きな誤りである。それでも「できない」という人は、友人なら、こうあるべきであるという、高い理想や望みを持ちすぎているのではないか。

仮にあなたの望むようなかかわり方をしてくれないとしても、何かのときには力を貸そうとしてくれる。それが友人というものだろう。

確かに「心から信頼できる親友」は、そう簡単に得られるものではない。友人や知り合いにはなれても、親友になれるような人は限られるだろう。

それならば、そのような友人をつくろうと、自分のほうから働きかけてみたらどうだろうか。

考えてみれば、人生には多くの出会いがあり、知人を得るチャンスは数多くある。

学生時代の級友という程度の関係なら、それこそ数え切れぬほどの人との出会いを経験しているはずだ。

しかし、そうして出会った人が信頼できる友人という存在にならなかったとすれば、それはあなたが自分のほうから、相手に働きかけなかったからだろう。友人とは、庭の雑草のように何もしないで自然に生えてくるものではない。自分で畑に種をまいて、水をやり、肥料をやらねば育たない。つまり、友人を得るためには、まず自分が友人をつくるためにはどうするかを考え、行動することだ。

そんなことをしなくても相手が愛情や思いやりを向けてくれるだろうと思っていてはいけない。

自分の殻に閉じこもっていると、決して友人など得られるものではない。自分の肩をやさしく叩いてくれる人を待ち望んでいるだけで友人ができるなどという、そんな虫のいい話はないのである。

では、具体的にはどうするか。とにかく出会いを求めて外へ出ることである。

同好会やサークル、スポーツクラブやカルチャーセンターの講座に通うのもいい。飲み会に誘われたら、なるべく参加する。このように、いろいろな機会をのがさず何度でも出かけていって、少しでも多く人と話をすることだ。また、その際、話しかけられたらできるだけ丁寧に応対する。そうやって自分の性格を少しずつ変えていく。

上手にコミュニケーションをとる秘訣は、自分に話したいことが十あっても、話すときは五くらいにとどめ、その分、相手の話に耳を傾けることだ。

信頼できる友人を得るためには、常に人に対して思いやりを持つこと。これらのことを忘れなければ、いずれあなたのまわりには親しい友人の輪ができあがっていることだろう。

自分の感情や言いたいことは、
遠慮せず表に出すほうが、
気分が晴れ、気力もわいてくる。

精神的あるいは物理的な攻撃を受けたり、不満を覚える扱いをされたりすると、私たちは、怒りを感じる。

そのとき、どういう反応をするかは、その人がどのような性格であるかによって異なるし、相手や場面によっても違うだろう。

その場で感情を爆発させて逆襲する人は、いわゆる「キレる」タイプだ。怒りをすぐには爆発させないが、自分の中にためこみ、敵意を持ち続け、のちのち報復するタイプもいる。「恨みを持つ」わけだ。

これとは別のタイプの人は、怒りを感じても、その場ではキレず、怒りや憤りを自分の内にしまいこむ。といって恨みを持つわけでもなく、ガマンしてしまうのだ。「責任は自分にもある」と考える。そして忘れてしまおうとする。

いわゆる自分を抑えるタイプだが、もしあなたが「もうイヤだ」という感情を、このような自責の念とともに押し殺してしまうのだとしたら問題だ。

そういう形でなんとか怒りを処理しようとするのだが、その怒りは消えてしまうわけではない。心の無意識の部分に沈むだけなのだ。発散されなかった怒りは、こうして心に蓄えられ、大きなストレスに育っていく。そして、それがあまりにも続くようであれば、うつになる可能性もある。

このようなタイプの人は、怒りをうまく発散させる方法を知らないということもあるが、どこかに「感情を表に出すことはよくない」という気持ちがないだろうか。そうした考えに縛られていると、怒りを抑制する反応のパターンができあがってしまい、怒るべきときにも怒れない。

確かに、感情を率直に表に出すと、場合によってはみっともなく映ることもある。しかし、普段から自分を抑えこんでしまう真面目なあなたがそんなことをしても、まわりはあなたを白い目で見ることはないだろう。むしろ、「あの人が怒るくらいなら、よっぽどのことがあったのだろう」と思ってくれるはずだ。

もちろん無闇に怒る必要はない。ガマンできない誤解を受けたり、理不尽な扱いを受けたときには、怒るほうがいいということだ。

精神療法には「表現的療法」という、心にたまった怒りや憤懣《ふんまん》を外に出させる、外部に向かって表現させることでガス抜きをしようという療法がある。感情を吐き出すにつれて気分が晴れてくるだけでなく、気力もわき、しゃべりたい、自分を主張したいという気持ちになってくるのだ。

まずは、普段から自分の感情や言いたいことを、遠慮せず表に出すことを心がけよう。そのような訓練を続けていくことで、マイナスの感情を内にためこみ苦しむことも少なくなっていくだろう。

人にやさしくする人は、
人にもやさしくされる。
人を許す人は、人にも許される。
人を好きになる人は、人にも好かれる。

あなたが、どうも人に責められているような気がしてならなかったり、まわりが自分のことを非難していると感じてふさぎこんでいるとしたら、次のことを確認してみてほしい。

みんなから責められているあなたは、逆に、普段からみんなのことを責める傾向が強くないだろうか。

「私は誰からも好かれない」といって悩んでいる女性がいた。しかし、彼女の話を聞いていると、彼女には自分が好きな人だと感じる人がいないということがわかったのである。「あの人はああだからイヤだ、この人はこんなところが嫌いだ」と、イヤな人だらけなのである。

これではもちろん、他人からも好かれないだろう。彼女は、人に好かれないのではなく、人を好きではないのだ。

人に対してたいへん厳しく批判的な人がいるが、こういう人はだいたい、自分自身が苦しくなってくる。例えば、「あの人の仕事の手順はよくない」とおおっぴらに批判したとしよう。すると、その批判した人は、もうその仕事の方法を使うことができなくなってしまう。もしもいつか、その方法でやりたいと思っても、自分が批判した手前、やりにくいだろう。

また、「男はこうあるべきだ。あんなヤツは男じゃない」と誰かを非難したとする。すると自分もいつも、あるべき男性像を維持しなければならない。さもなければ、周囲から「あんな人、男じゃないよね」と言われているような気がしてしまう。自分が「～でなくてはいけない」「～ねばならない」「～でなくてはダメだ」と思うことが多いほど、自分自身でやらなければならないことが多くなってくるだろう。

要は、人間関係というものは、お互いさまなのである。

人にやさしくする人は、人にもやさしくされる。人を許す人は、人にも許される。人を好きになる人は、人にも好かれる。そういうふうに世の中はできているものなのである。

ステキなあの人も、
劣等感だらけだということを
覚えておこう。

私の青年時代は、恋人などいなくて当たり前、お見合いで結婚するのが当たり前という時代だったが、現代はだいぶ様子が変わってきている。お見合いで結婚する人もたくさんいるだろうが、恋愛結婚のほうが一般的になっているようだ。

若い人たちは「彼」「彼女」がいるのが当たり前。恋人がいないとどこかおかしいとか、よほどモテないように思われることもあるらしい。

雑誌やテレビなどでは盛んに恋愛特集が組まれ、今いちばんおしゃれなデートスポットだとか、喜ばれるプレゼントだというような情報で賑わっている。

異性とスマートに付き合える人はどんどんモテて、そうでない不器用な人にはちっとも恋愛のチャンスがまわってこない。チャンスがないので、ますます異性との交際が苦手になり、自信をなくして引っ込み思案になる。こんな悪循環があるようだ。

私は、恋人がいなくても、別に恥ずかしいことではないと思う。ある女性が、「今は彼がいないけど、好きでもない人とデートをするくらいなら、家で本でも読んでたほうがいい。ほんとうに好きになった人とデートをしたい」と言っていた。古いと思われるかもしれないが、私にはすごくすがすがしく聞こえたものである。

情報に振り回されて、あまり焦る必要はない。彼らは、そうやって私たちの気持ちをあおるのが仕事なんだと冷静に受け止めたい。

しかし、家で本ばかり読んでいたのでは、恋のチャンスはいっこうに訪れない。ステキな人に出会うチャンスを求めて、人の集まるところに顔を出すぐらいの努力はしたいものだ。

ボーイフレンドやガールフレンドのひとりもいないと、異性に対して劣等感が強くなってしまう場合がある。「対人恐怖」の一種だ。

「冷たくあしらわれたらどうしよう」「断られたらイヤだな」という不安から、つい引っ込み思案になってしまう。こうした対人恐怖の心理は、実はプライドとセットになっている。プライドが高いと、なかなか恋に積極的になれないのだ。

だが、安心してほしい。プライドと劣等感は誰でもセットで持っているものなのだ。相手も劣等感とプライドの間で揺れ動いている普通の人間なのである。自分が好きな相手は素晴らしく見えるので、劣等感など持っているとはとうてい思えないかもしれないが、それは大きな間違いである。相手も劣等感だらけの人間なのである。そう思えば、内気な人も、少しは異性と気楽に話せるようになるのではないだろうか。

失恋をしたって、
いつまでもその不幸が続くわけではない。
きっとそのあとには、
素晴らしい恋がやってくる。

ある女性が自分の恋について、こう話していた。好きな人ができると、スペアの男性を必ずつくる。ふたまたをかけるのである。なぜなら、ほんとうに好きな人にふられたときが怖い。そのときに「いいわ、私にはこの人がいるんだもの」と思えるように、もうひとり彼をつくっておくというのである。失恋のショックを和らげるクッションをあらかじめ用意しているわけだ。

「なんたること！」と思う人がいるかもしれないが、私は、案外、人間というものは、多かれ少なかれ無意識のうちにこういうことをやっているのではないかと思う。この女性は、自分でそれがわかっているのだから、頭のいい人だと思うのだ。

失恋の不安は、誰にでもある。恋愛にかけるエネルギーというのは、相当に大きいものだ。そのエネルギーが行き場を失ったときは、ほんとうにつらい。誰だって失恋なんかしたくないのだ。複数の恋人をつくるという人が意外といると聞くが、きっとほんとうに好きになって傷つくのが怖いのだろう。

その気持ちはわかるが、自分のショックを和らげるためのクッションとして他の人をキープしておくというのは、やはり賛成できない。他の人間を自分の道具のように使う人は、いつか自分もそんなふうに使われても仕方がないのではないだろうか。ごまかしの恋をしていると自覚しているのは結構だが、ごまかしはやはりごまかしだ。

それよりも、失恋したときに、あなたをなぐさめ、クッションになってくれる友達はいないだろうか。その友達とお酒でも飲んで失恋の傷を癒そう。いい友達がいれば、その人の存在が精神的な支えになって、思い切って恋の相手にぶつかっていく勇気がわいてくるはずだ。

失恋をしたって、いつまでもその不幸が続くわけではない。きっとそのあとには、素晴らしい恋がやってくる。大失恋をすれば、そのあとにはきっと、素晴らしい幸せが待っているに違いないのだ。そう信じてほしい。そう思えば心のクッションができるだろう。

孤独を感じたら、
その気持ちをエネルギーにして、
外へ働きかけよう。

人間であるかぎり、ときに孤独を感じることは当たり前のことだ。「生きることは深い孤独の中にあることだ」と言ったのは、ドイツの劇作家ヘッベルである。宗教家や哲学者でもない私たち凡人は、孤独に苦しめ続けられるのである。

もっとも、常に他人から疎外されていると感じ、そのために孤独感を強く意識してしまい、自分の殻に閉じこもってしまうようになると危ない。社会的に生きていけなくなる可能性もあるからだ。うつ病や、アルコール依存症、認知症を生み出す背景にも、孤独があるとされている。現実以上に強く孤独を意識しすぎるのは危険である。

しかし、もともと人間は孤独には耐えられない存在である。ある大学で、非社交的で内気、あまり他人と付き合いたがらない人を密室に入れ、どれくらい孤独に耐えられるかを調べる実験があった。所定の時間がたち、ようやく外に出してもらったその人の第一声は、「人と話がしたい」というものだった。それが人間本来の姿である。

だから、あなたが孤独を感じ、その孤独にのみこまれそうだと感じているのならば、孤独をイヤがる気持ちをうまく利用してやればいい。

孤独にさいなまれながら誰かから声をかけてもらえるのを待つという受動的な態度ではなく、自ら働きかけて、孤独を感じる気持ちや環境を変えていけばいいのである。まず心理的には、他人を理解しようとして、自分の心を開き、何ごともなるべく楽しくふるまうように心がける。環境的には、積極的に人の中に出ていき、いろいろなお誘いがかかるくらいの人間関係が築けるよう努める。あるいは、部屋の壁紙を明るくするといったことでもいい。ひとりで考え込んでしまう時間を減らし、なるべく身体を動かすようにするのである。

孤独を嫌う気持ちをエネルギーにして、殻を破って外へ働きかける。こういうことを繰り返すことで、いわれもない孤独感に苦しめられることは少なくなっていくはずである。

大切な人の死は、
簡単に乗り越えられるものではない。
「もしあの人が生きていたら」
と考えるのは自然なことである。

人の命は無限ではない。それはわかっていても、大切な人を亡くすと、心にぽっかりと穴があく。大きな喪失感に襲われ、すべてのことをする気力が失せてしまうことがある。

そんなとき、私は無理に元気になろうと努力しないほうがいいと思う。大切な人の思い出を、洗いざらい吐き出してしまうことのほうが大切だ。

「弱音を吐いてはいけない」「泣いてばかりではいけない」という気持ちは立派だが、それが虚勢であるかぎり、気持ちは空回りするばかりだ。

そんなときは、しばらく「うつ」になろう。

つらい変化が起きたときに体勢を立て直して問題に対処する、そのための時間をつくってくれるのが「うつ」なのだ。

悲しむこと、苦しむことを恐れず、大切な人との思い出に浸り、存分に泣く。悔いがあるのならば、思い切って親しい人に打ち明ける。怒りたければ怒ってもいい。何もする気が起こらなければ、何もせずに悲しんでいたっていいのである。

そういう過程を経れば、通常はおのずと「悲しんでばかりいないで、少しは行動しよう」という元気がわいてくるだろう。静かにそのときが来るのを待つ。そんな気持ちで日々を送りたい。

大切な人の死は、そう簡単に乗り越えられるものではない。むしろ、いつまでたっても乗り越えられないことのほうが多い。ことあるごとに悲しみがぶり返してきたり、「もしあの人が生きていたら」と考えるのは自然なことである。

つらいことを「忘れよう」と思って
自暴自棄になるくらいなら、
あれこれ考えるだけ考えて、
とことん落ち込んだほうがいい。

死や、失恋、別れなど、世の中には数え切れないほどの悲しみ、苦しみ、つらいことがある。

そんなときはとにかく、そのつらさをガマンするのではなく、吐き出すことが大切だ。感情を内にためているだけでは、なかなか憂うつな気分も解消されない。泣くもよし、怒るもよし、パーッと騒ぎに行くもよし。感情のはけ口を見つけることで、イヤな気持ちを発散させてしまうのだ。

多くの人は、そうした気分転換の方法を少なからず身に付けているだろう。

しかし、自暴自棄になって、アルコールに溺れたり、ギャンブルや買い物に熱中したり、次から次へと異性と交際するなどして、快楽に救いを求め、一時的な現実逃避をするという方法は間違いだ。

快楽に身を投じれば、健康を害したり、資産を失うことはもちろん、ふと冷静になったときに、ダメな自分を責めて、余計に心が傷つきかねない。

また、酒やギャンブルなどは、度を越すと依存症におちいり、人生や家庭が崩壊してしまう。

自暴自棄になって、短絡的に快楽に溺れたり、場合によっては自分を傷つけたりしても、決して心が癒されることはないと断言しよう。

また、そのようなことをすれば、あなたのまわりにいる大切な人を苦しませることになるということも覚えておいてほしい。

イヤなことを「忘れよう」と思って自暴自棄になるくらいなら、あれこれ考えるだけ考えて、とことん落ち込んだほうがいい。時間はかかるが、たいていの人はいずれ、くよくよすることに疲れてくるはずだ。そうすれば、今後自分は何をしたいのかを考えたり、行動するための正しい判断ができるようになるのである。

それでも
行き詰まってしまったら

第5章

「ひきこもり」も病気の一種である。
医師による適切な治療を受ければ、
いずれ快方に向かう。

「ひきこもり」という言葉が市民権を得て久しい。

私の病院にも、学生や社会人を問わず、「子どもが部屋から出てこない」と相談に来る親御さんが多い。

こうした「ひきこもり」は、人間関係で何らかの傷を受けたなどの理由でうつやノイローゼになったことからくる症状の一つだが、そこには「自室にこもっていても、親に依存して生きていける」という甘えも潜んでいる。それは、ひとり暮らしの人は「ひきこもり」になりにくいということを考えてみればわかる。彼らは、全部自分でやらなければいけないから、部屋から出なければ生活できないのだ。

もし、あなたが「ひきこもり」の症状を来しそうになったら、よくよく考えてほしいことがある。

現代人の大半は孤独を抱えている。それこそひとり暮らしの寂しさを感じている人もいれば、家族や友人と心が通わないと悩んでいる人もいる。若い人が携帯電話を使ってひっきりなしにメールのやりとりをしているのも孤独の裏返しである。

その一方で、人間関係を極端にわずらわしがり、嫌い、恐れる人もいる。しかし、そのような人の声もよくよく聞いてみれば「やっぱり寂しい」というのが本音なのだ。

つまり、人は人間関係の中でしか生きることができない。孤独の時間に浸る喜びも、充実した人間関係が他にあってこそのものなのである。

このことを踏まえて、今一度外に出て、人間関係を取り結ぶ努力をすることはできないだろうか。

それでも難しいというのであれば、精神科医による診察を受ける必要があるだろう。「ひきこもり」も病気の一種である。医師による適切な治療を受ければ、いずれ快方に向かうのである。

病気を経験すると、
人の苦しみや悲しみがわかる
心温かな人間になることができるのだ。

「一病息災」と言えば松下幸之助さんである。

「無病息災」の「無病」を「一病」に置き換えたこの言葉は、病気を経験した人は以後健康を気づかうので丈夫で長持ちするという意味を持つ。いつも病気ばかりしているのでは困るが、一度や二度ならいい結果につながる。これは子どもの頃から体が弱く、肺尖《はいせん》カタルを持病としていた松下さんの経験が言わしめた言葉である。

私は、この言葉には、病気をした人は、誰に対しても温かい気持ちで接することができるという意味も込められているのだと思う。

ある女性が、自分のつらい気持ちを友人に話したら「ヒロイン症候群?」とからかわれて、ひどいショックを受けた。

「この人は、ずっと幸せに生きてきたから、私の気持ちなんてわかってもらえない」

そう思った彼女は心を閉ざしてしまった。

つらい気持ちや苦しいことがあって、誰かに話を聞いてほしいときがある。そんなとき、「甘えるな」とか「もっと強くなれ」と言っても、ネガティブになっている人の気持ちを救うことはできない。

そのような人を救えるのは、そういう経験をしたことがある人だけである。立派なアドバイスをしてくれる人より、ただ黙って話を聞いてくれる人が必要なときもある。

トルストイも「生まれてから一度も病気になったことのない男を友とするな」と言っている。もしもあなたが落ち込んでいるなら、今の状態を心に刻みつけておこう。どんな言葉があなたの心に響いたか。誰のどんな態度が嬉しかったか。どんなときに心が休まったか。病気を経験したり、逆境に追い込まれたりしたとき、人は新しい力を手に入れる。病気からゆっくり回復するときや、逆境からはい上がるときに感じる力である。

この力を体に記憶させておこう。それを決して忘れずにいれば、いつか、今のあなたと同じような状況の人に温かい言葉をかけることができる。人の苦しみや人の悲しみがわかる心温かな人間になることができるのだ。

「ぜんぶ自分のせい」ではない。
うつ病も、あなたのせいではない。

あなたが、「もうイヤだ」と落ち込み、ふさぎ込む。そうしたことは誰にでも起こる。そして、そのような状態もいつかは必ず終わる。そのことを忘れないでほしい。

しかし、そうした憂うつな気分がいっこうに晴れない、日常の習慣までが重荷に感じられる場合は、うつ病の可能性を疑ってみたほうがいい。

うつ病と呼ぶべき状態にある人で、自分がうつ病だとは思わない人がいる。一方で、少し心がふさいだ状況になると、自分はうつ病だと思ってしまう人もいる。確かにうつ病による気分の落ち込みと、ごく一般的な落ち込みは連続線上にあって、明確に区別することはできない。しかし、うつ病はそのように一時的に訪れる病理ではなく、軽くもない。

うつ病は、ある一定の期間を経て表れる、なかなかやっかいな病気なのだ。

自分に自信が持てず、「どうせろくな世の中ではない。自分なんて何の役にも立たない人間だから、ぜんぶあきらめてしまえ」と考えてしまう。

そうして、深刻な抑うつ気分に襲われ、決断力も失われ、食欲も極端に減退し、不眠に悩まされ、悲観的な考え方にとらわれていく。

そして自分はダメな人間だ、みんなに迷惑をかけている、死んでしまいたいという考えに発展していくのである。

このように、うつ病とは、寂しさ、不安、むなしさ、焦りなど、否定的な感情にとらわれてしまい、極端に孤独感に襲われてしまった人間の精神的疾患だと言うことができる。

こうした症状は、それが病気によるものなのだと受け止めることができればいいのだが、そうでなければ、「自分は暗い」「バカでイヤなやつ」と自分の性格、人格までを否定してしまう。

そんなふうにしか自分のことを思えないのは、つらいことだ。そのつらさに負けて自殺しようと考えたり、実際に自殺してしまう人もいる。

実は私もうつ型の人間だ。自分がうつにおちいったときの気分をよく承知しているから、うつの人の気持ちがよくわかる。だから、うつの人が自殺したという話を聞くと、やりきれなくなる。なんとかして助けてあげたかったと思う。

自分が陰気な性格だ、落ち込むタイプだと思っている人は一度、精神科医の診察を受けてみることをしてほしい。

自分がうつ病だと知ることで「闘病」の気持ちが生まれる。それまで、何もかも自分のせいにして落ち込んでいた人が、闘う相手として自分の「うつ」を直視するようになるのである。

診断を受けることで、
病気だと認識できる。
そして、いつかは治る、
好転するという
確信を持つことができる。

うつ病は自分で認識することが難しく、うつ病に関する知識が浸透してきたとはいえ、まだまだ受診率は低いのが現状である。

一つの目安として、次のような徴候が表れたら、うつ病のシグナルとして受け止めて、専門医に相談するのが最良である。

・疲労感、倦怠感がいっこうに抜けない
・何に対してもあまり感動しないし、楽しくない
・何ごともやる気がない
・孤立してしまう、人嫌いになった
・決断力がなくなった
・好奇心、興味がなくなった
・ぼんやりしていることが多くなった
・朝まったくやる気が起きず、夕方から夜に元気になる
・夜中に目覚めてしまう

・自分を責める気持ちが強くなる
・食欲が落ちる、または過食になる
・自殺願望を持つ

このほかにも、被害妄想におちいったり、わけもなく不安になったり、胃痛や下痢・便秘などの消化器障害を起こすといった症状もある。

誰にでもよくあることと思われるかもしれないが、このような通常とは異なる状態が一週間以上続くようならば、専門医の受診をおすすめする。

うつ病なら、治療によって必ず治る。また、落ち込みを軽くすることができる。最近は、治療薬の質も以前とは比べものにならないほど向上している。

何よりもメリットがあるのは、自分が病気であると認識できることだ。

悩みの原因が、自分の性格や人間性の欠陥に由来するのではなく、風邪などと同じように生理的な由来を持つ病気だと認識することで、つらさが緩和される。

そして、いつかは治る、好転するという確信を持つことができるようになる。

もちろん、認識しただけでうつの気分がなくなるわけではない。どんな病気だって、診断を下すだけで患者が楽になるはずもないのである。ただ、そうはいってもドクターの治療の第一歩は診断である。診断が確定して、初めて治療にとりかかることができるのである。

風邪をひいたとき、病院に行くことに
なんのためらいも抱かないだろう。
心の病も同じ生理的な病だ。
ドクターに相談することは
恥ずかしいことではない。

うつ病はまだまだ受診率が低いのが現状だと書いたが、それはあくまでも私が、誰もが気軽に精神科医の扉を叩いて、早く元気になってほしいと心から願っているからである。

昔に比べれば、状況はかなり改善されていることは事実だ。

私の祖父が日本に精神科医療を紹介し、青山脳病院を開業した頃は、一日の患者数が五、六人だったという。

その一方で、私の病院はというと、三つの診療室が絶えずふさがっている状況だ。病がこじれないうちに来院してくださる方が多くなってきた。

その結果、多くの患者さんたちが、入院しなくても通院治療だけで完治して、通常の生活に戻っていかれるようになった。

初めて精神科を訪れるときは誰でも、何をされるか、何を言われるかと不安になるものである。さらに、自分の心のありようを要領よく説明することなど、なかなかできるものでもない。

しかし、特別に身構える必要はない。療法といっても、診察室やカウンセリングルームで、医師やカウンセラーと話をするだけである。

医師やカウンセラーは、まず患者さんをリラックスさせることから始める。それは病状を知るための問診でもあるわけだが、同時に治療の開始でもあるのだ。

患者さんは、自分を理解してもらえると感じることで、孤独感はいくらか癒され、不安も和らぐ。それによって、さらに心を開いて語れるようになる。

そして、自分の心を語ることによって、うつ病になった原因や、なぜ自分は苦しい思いをしているのかが自分でわかってくるのである。

あなたが風邪をひいたとき、病院に行くことになんのためらいも抱かないだろう。心の病も同じ生理的な病だ。

不調を感じたら、ドクターに相談することは恥ずかしいことでもなんでもない。ごく自然なことなのだ。

頭に死がよぎったときには、
苦しいだろうが、
あなたがほんとうに信頼できる人、
もしくはドクターに相談してほしい。

あなたが悩むのは、それがあなたの成長につながる形のものであれば、大いに結構である。しかし、それが「もうイヤだ、生きていくことすらイヤになった」というところまでいってしまうと問題だ。

不幸なことに、国内の自殺者の数は増加している。そして、さらにその裏には、何倍もの数の未遂者などの予備軍がいるはずである。

人間は叩いても死なないような図太さを持っている半面、どうしてあんなことでと思われるような些細な理由で、簡単に自殺に踏み切ってしまう場合がある。また本人も、それほど深刻に追い詰められた感情は抱いていなかったのに、死を選ぶ方向へといってしまったということもあるだろう。

そのような状況での自殺は、特に内向的な性格の人に多いようだ。まわりから見れば、少し努力すれば解決できそうなことでも、日頃から厭世的な人生観を心の底に宿していると、ちょっとした困難にぶつかったはずみで、自分で自分をがんじがらめに縛りつけてしまう。その結果、死に向かって突っ走ることもある。

自殺にはさまざまな形があり、復讐心によるもの、激情に支配されてのもの、また逃避型のものもある。なかでももっとも多いのが「うつ」的な感情の高まりによるものだ。これを「精神症状による自殺」と呼ぶが、実に自殺の八割が、「うつ」状態によるものなのだ。

自殺をする人は、感情が抑うつに支配されている。外見には表れなくても、自殺をする前に激しい落ち込みをしばしば経験する。また、自殺前には周囲との交わりを、拒絶し始めるという兆候もある。

このような兆候が表れたり、もしくは頭に死がよぎったときには、苦しいだろうが、あなたがほんとうに信頼できる人、もしくはドクターに相談してほしい。

特に若い人などは、自殺を公言するような人に、元気づけようとしてか、あるいは冗談のつもりか、つい死ぬことを軽く見るような発言をしがちであるが、そうした発言は逆効果になる場合が多い。

あまりにも本人の思いとかけ離れたことを言うのは、正しいとは言えない。

元気づけるとしても、よほどの言葉でなければ、マイナスのベクトルをプラスのベクトルに変えることはできない。先に述べた、あなたがほんとうに信頼できる人、もしくはドクターならば、それができる可能性が高いのである。

また、衝動的に自殺してしまうことのないよう、自分の身を簡単に死ねる状況に置かないことも必要だ。自殺願望があろうとなかろうと、日頃から死んではいけないと強く自らを戒めること。それが、本人にできる最大の自衛策である。

もう少しだけ、
まわりの人を信頼して
声をかけてみたらどうだろうか。
やさしい言葉や
温かい言葉をかけてくれる人は、
周囲にたくさんいるはずだ。

あなたがうつ病でなくても、つらくなったときは、誰かに思い切り悩みを打ち明けるに限る。

打ち明けたところで、つらさがすぐに解消するということはないかもしれないが、少なくとも打ち明けることで、つらい気分を少しは晴らすことはできる。

誰にも相談せず、ひとりで悩んでいると余計に悩みがどんどん内向し、深くなっていくのだ。

だから、特に内向的な性格の人は、ともかく気軽に何でも打ち明けることができる人を、ひとりでも多く持つことである。

そうしたことができないと、逆に自分は孤独だ、誰も自分をわかってくれないと悪循環におちいってしまう。そもそも、ほんとうに信頼できる人がいないという悩みそのものを訴える人が増えているのだ。このような人は、恋人がいないなどという悩みを抱えている人よりも数が多く、そして深刻である。

あなたもそうであろうか。

もしそのように感じているのならば、よく考えてほしい。

あなたはほんとうに孤独だろうか。誰かひとりくらい、あなたの話をわかってくれそうな人はいないだろうか。あなたには、好きな人はいないだろうか。

周囲の人に、あなたの悩みをいっしょに背負ってくれる力がないと思うのは間違いである。仮にあなたの望むように悩みや苦しみを解決してはくれなくても、あなたの家族や友人でいてくれることには変わりない。

もう少しだけ、まわりの人を信頼して声をかけてみたらどうだろうか。

やさしい言葉や温かい言葉をかけてくれる人は、周囲にもたくさんいるはずだ。

困ったとき、苦しいとき、頼ることができる人がいる。そう思えれば、何も怖いことはないではないか。

つらくなって人を頼りたくなったとき、
それは、成長する転機かもしれない。

人に甘えてはいけない、依存してはいけないと思って、ひとりで頑張りすぎる人がいる。最近では「自立」という考え方が浸透してきて、人に頼らず「自立」しなければいけないという風潮が強い。

しかし、ときには人に甘えることも必要なのである。

ちなみに、小さいときにたっぷり親に甘えて育った子どもは、意外に親離れが早い。ところが、何かの事情で親に十分甘えられなかった子どもは、大人になっても「甘えたい」という気持ちが残ってしまう。甘え足りないのである。小さいときから、自立だ、過保護にしてはいけない、とやりすぎるのも害があるのだ。

子どもにも大人にも「転機」がある。今までより一段と大人になる、成長の節目だ。そして、それは何か新しいことに挑戦したり、今までとまったく違う道に踏み出すときである。

そんなとき、人間は少し甘えたくなるものだ。新たな自分になって再出発する前に、いっぺん子どもに戻って依存したい。そこで十分に甘えて初めて、ひとまわり成長して立ち上がることができるのである。

大人であればあるほど、「人に甘えられない」と思っている。だから精神的につらい状況におちいったとき、なかなかそこから脱することができない。周囲にグチや不安を口にすることができれば、回復も早いのである。

もし、あなたが、今まで人に頼らず、甘えずに生きてきたのなら、ときには誰かに甘えてみてもいい。あなたがつらくなって人を頼りたくなったとき、それは、あなたが成長する転機かもしれないのだ。

あなたが不安を口にすれば、きっと理解を示してくれる人がいる。

何もかもひとりで背負うのはやめて、大いに弱音を吐いてみてはいかがだろうか。

心が晴れていく習慣

第6章

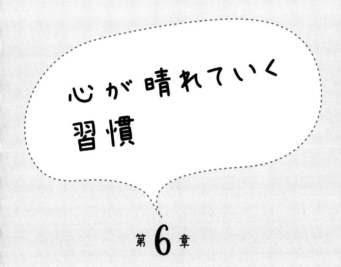

無償の愛情を捧げる相手がいる。
その存在があなたの心を豊かにし、
前向きに変えてくれる。

心の免疫力というものがある。

苦労しながら成長してきた人は、困難にぶつかったときにも落ち着いて対処できるし、それに耐えていく力がある。反対に何の苦労もなく生きてきた人は困難に耐えられず、どうしたらよいかわからずパニックになってしまう。

上司に叱られてばかりいる部下は、叱られても「また言ってるな」くらいにしか感じなくなるものだ。ここまでくるとふてぶてしいが、これも免疫であろう。

心の免疫力というのは、精神的な強さがないと発揮できないものである。

「自分は弱い人間だから」と後ろ向きになる必要はない。あなたが大切にしている人、愛する対象を持ち、それを心の支えにすることで、心の強さが生まれるのである。大切な人がいるというのは強い。多少のことではへこたれない。マイナスのことでも「あの人のためにも乗り切ろう」と前向きにとらえられるのである。

あなたのまわりにも、家庭を持ってしっかり者に変わったという人がいるだろう。家族に対する愛情と責任感がその人を強くしたのである。

もちろん、大切な存在とは、恋人や家族でなくてもいい。友人でもいいし、片思いの相手や、ときにはペットでもいいだろう。その存在があるから頑張れるのだというものであればいい。

もっとも、その対象のために何がなんでも頑張らなければならないと思い込んだり、頑張った分の見返りを求めたりしてはいけない。そうするとその存在が負担になったり、苛立ちの原因になったりする。あくまでも自分の心の中で、ひそかな支え程度にとどめておくのがよろしい。頑張ったら自分で自分をほめてあげよう。

無償の愛情を捧げる相手がいる。その存在があなたの心を豊かにし、前向きに変えてくれるのである。

休養には二種類ある。
何もしない休養と、
適度な刺激を与える休養だ。
疲れた心を休ませるのは後者である。

心が疲れたら休養をとりなさいとは、よく言われるところだ。とはいえ、何か悩みごとがあるときには、一日中のんびりしているにもかかわらず、ちっともモヤモヤが晴れない。それどころか、その悩みが気になって気になって余計気が滅入ってしまうという経験はないだろうか。

実は、休養には二種類ある。一つは何もしないこと。すなわち、睡眠をとったり安静状態をとることだ。先ほどの、一日中ゴロゴロしているというのは、こちらのタイプである。

そしてもう一つは、適度な刺激を与える休養だ。運動や趣味の時間をつくってそれに没頭したり、遊んだりすることである。

さて、現代人のライフスタイルでは、コンピュータの導入などによるテクノストレスなど、圧倒的に神経を使うことによる蓄積性の疲労が増えている。この手の疲労は、ただじっと休んでいるだけでは解消できるものではない。何か刺激を与えることで疲れをとることが必要なのである。

もちろん、仕事以外の何かでなければならない。ただ家でじっとしていれば心にたまったストレスが解消するというわけではないのである。

そうすると、この休養をとるという一見簡単そうなことが、意外と難しいということがわかる。

例えば、月曜から金曜まで一生懸命働いて、週末は外出もせずゆっくり寝ることで休養をたっぷりとったつもりの人がいる。しかし、これでは心身ともに重い疲労感が残り、会社に行くのがイヤになる。ブルーマンデーである。これが高じると「出社拒否」になってしまう。

つまり、こんな休養のとり方では精神的疲労をとることはできないのである。寝るだけではダメで、ちょっとした運動をしたり、仕事とは別なことで頭を使うことが必要なのだ。これは、他の原因による精神的疲労でも同様である。

要は「ほんとうの休養」をとることである。休養をとっているつもりで、ほんとうの休養をとれていない人がたくさんいるのである。

物理的に休んでいるだけで、心の中では悩みを抱えたり、会社のことばかりを考えている人が非常に多い。それではほんとうに心が休まらないのは言うまでもない。

そこで、ほんとうの休養をとるために必要なことが、二種類ある休養の後者のタイプに当たる「趣味」であるという理屈につながってくるのだ。

趣味を大層なものと考えなくていい。
「好きでしているものごと」。
好きなことをするだけで、
心は晴れていくのである。

起きてしまったイヤなことを忘れ、気分をスッキリさせるためには、余計なことを忘れて没頭できる趣味を持つことである。

しかし、趣味と聞くとたちまち「私は無趣味な人間だから」と落ち込んでしまう人が少なくないようだ。どうやら、このような人は趣味を大層なものだと考えているのではないか。

そんな人はとりあえず、辞書で「趣味」という言葉を引いてみるといい。

私の手元の辞書には「(実用や利益などを考えずに)好きでしているものごと」と記されている。

つまり、「好き」なことは、すべて趣味の守備範囲と言える。

そう考えると、いかに無趣味な人でも、趣味と言っていいものを一つや二つ思い出すのではないか。

趣味を持つためには、それを趣味にする最初の勢いが少々必要なだけで、実はとても簡単なことなのである。

例えばインドア、アウトドアを問わずスポーツは、没頭して汗を流すことができるから、イヤなことを忘れるのも早い。自分の都合でいつでもできる、ひとりでできるスポーツを私はすすめたい。

時間がないという人には、ウォーキングがいい。夜、近所を歩くとか、会社からの帰りに一駅手前で降りて歩いて帰宅するのもいい。早足で歩いていると、それだけでも家に戻る頃には心のモヤモヤが軽くなっているものである。

料理をするのもストレス解消になる。自分でつくった料理がおいしければ、達成感とおいしさで穏やかな気持ちになるだろう。誰かと一緒に食べられる環境にあれば、幸福感は倍増するだろう。

音楽も心を豊かにする効果があり、ストレス解消には欠かせない。気持ちが沈んでいるときに自分の好きなジャンルの明るい曲を聴く。イライラしているときに静かな曲を聴くと心が穏やかになることは、学問的にも認められている。自分で演奏する場合には、より効果は大きくなる。

ほかにも陶芸や彫刻、美術品や映画の鑑賞、書道、絵画、俳句、華道、また小説を読んだり書いたりと、いろいろなものが考えられる。こうしたものに没頭すれば、雑念に心を悩まされることはないのである。

自分が心から楽しめる趣味を持って気持ちの切り替えを行い、メリハリのある明るい日々を過ごしたい。趣味の力を借りるのは立派な自己管理なのである。

自分の時間は
どんな形であっても
持つことができる。

どのような理由であれ、気持ちが行き詰まってしまったら、私は、自分の時間を持つことをおすすめする。

あなたにとって自分の時間とは何だろうか。友達と遊びに行く、家族と過ごす、もしくはひとりで趣味に没頭する。いろいろあるだろう。いずれにしても、この自分の時間とは、ストレスを感じる要素がない、自分のためだけに使える贅沢な時間と言ってもいい。

このような時間を持つことで、一旦気持ちをリセットでき、心の負担を和らげることができるのである。

しかし、心が疲弊してしまった人に限って、自分の時間を持てないと感じるものである。「忙しい」「そうした余裕はない」「とてもそんな気が起きない」などいろいろ言い分はあるだろうが、自分の時間は、別に休日ではなくたって、どんな形でも持てるものだと考えを変えてみよう。

例えば、通勤中は雑誌を読む時間にあてる。仕事と仕事の間に空き時間ができたら、散歩をしてみる。どんなに忙しくても「おやつタイム」は必ず設けるなど、上手な時間のやりくりと、「休むときは休む」という気持ちのわりきりが大切である。

また、自分の時間を持つということに乗り気にならなくても、まずは無理をしてでもそうした時間をつくってみよう。「自分の時間」というクッションをはさむことで、悩みや負担というのは想像以上に軽減されるものなのである。

同じ悩むにしても、ただ悩み続けるのではなく、合間合間に自分の時間をつくるようにして、時々リフレッシュしながら悩んだほうが楽だということは、容易に想像できるだろう。

そして、そのほうが早く悩みから立ち直れるということを理解してほしい。

グチの一つも言わずに
立派に生きていくことなどできない。
制限時間を決めて、
スッキリ気持ちを切り替えて、
解決への行動を始めよう。

イヤなことがあると、ついグチりたくなることがあるだろう。しかし、相手が自分の思うとおりにならないのを恨んだり、グチったりしても何も変わらない。だからグチを言っても仕方がないし、あまり前向きな行動とは言えない。

おまけにグチってばかりいる人は、たいていその状況を変えようという行動が伴わないもので、そのためいつまでもグチの連鎖から抜け出せない。

だけど、人間、グチの一つも言わずに立派に生きていけるかというと、そうでもない。言っても仕方のないこととは思っても、ついグチりたいときもある。誰かにその気持ちをわかってもらいたいときもある。弱音を吐き、友人に「大変だね」と一言声をかけてもらいたい。それで気がすむということもあるのではないだろうか。

それがわがままだということも、あなたはわかっているだろう。しかし、そんな勝手な言い分を聞いてくれる相手を持つのは大切なことだ。

グチをこぼせる相手は、できれば自分と同じような仕事をしている、お互いの状況がわかり合える立場の人がいい。

あまり近すぎる関係ではないほうがいいだろう。というのは、あなたのグチが周囲に伝わってしまう可能性もあるし、そこから新たなトラブルの火種が生まれてしまうことがあるからだ。

また、批判的な人や、お説教やアドバイスばかりする人よりも、余計なことを言わず共感を持って聞いてくれる人がいい。相手もグチっぽい人ではいけない。不幸者同士が集まってグチグチしていると、余計に辛気臭くなってしまう。それより、ひとしきりあなたがグチったら、笑い飛ばしてくれて、「さあ、また頑張ろう」という気分にさせてくれる明るい人がいいだろう。

グチるときは制限時間をつくるといい。そしてグチったあとはスッキリ気持ちを切り替えて、解決への行動を始めることだ。

孤独はイヤだけれど、
ひとりになりたい。
人間とはそういうもの。

もし、あなたが「自分は孤独である」ということ以外で悩んだり苦しんでいるのなら、孤独の時間を持つといい。

人間というのは勝手なもので、孤独はイヤだと思いながら、その一方でときどき孤独になりたいこともあるのだ。

ひとりになると、周囲の雑音を遮断することで、自分自身と向き合って冷静にものごとを考えることができるのである。そのため、肉体的にも精神的にも充足した時間を過ごすことができ、日頃からたまった精神的なストレスから解放されやすい。また、これは新鮮な発想が生まれたりするクリエイティブな時間でもある。だから、できれば一日一回くらいは、ひとりになる時間を持つことを提唱したい。

ひとりになるためには、自分の部屋を持つのがいいのだが、ほかにもいろいろ工夫すれば、ひとりになれる場所は意外とあるものだ。

例えば通勤電車の中や、空いた時間を見つけてひとりで喫茶店に行くなど、時間をうまく利用するのだ。

大切なことは、やたらに話しかけてくる人がいたり、まわりの音や声が気になって仕方がないなど、思索の邪魔をする要素がない場所であることだ。

そうしたものにわずらわされず、ひとりでゆっくり自分に向き合えたり、知り合いの目を気にする必要もなくリラックスできる時間であれば、それが「自分だけの孤独な時間」になるのである。

感動する「ふり」から、
感動する心が取り戻されていく。

普段のあくせくした生活に押し流されていると、日常生活の中での新鮮な感動を失いがちである。というより、自ら感動することを拒否してしまっているのだと言ったほうがいいかもしれない。

そして感動のない毎日が続くと、当然、気持ちも暗いものになっていく。そういうとき、なかなかプラス思考にはなれないものだ。だから、ますます落ち込んでいく。

さらに、疲れやすくなったり、決断力が低下してきたり、人と会いたくなくなったといった症状が重なってきたら、うつ病にかかっている可能性を疑う必要がある。

最近、何をやってもちっとも楽しくない、好奇心がわかなくなってきた。そんな人は、まわりにいる子どもを見てみよう。子どもにとっては、目に入るもの手に触れるもの、たいていのものが未知のものである。これから生きていくために、あらゆるものを学習していかなければならない。毎日が新鮮な感動の連続だと言っても過言ではないだろう。

それが歳をとるごとに、感動が薄れていく。世間の垢にまみれていくうちに、「新鮮な感動」はだんだん遠い世界のものになっていく。

私は、グラスに口をつけるとき、必ず「うまい！」と叫んでしまっている。別に意図して言っているわけではなく、自然にそうなる。家のものはみんな「聞き飽きた」という顔をする。彼らのひんしゅくを買っているようだが、私は何を飲もうが、最初の一口を飲んだときには必ず「うまい！」という声が出る。

なぜ、こんなことになるのかというと、どうやら自ら「うまい！」と叫ぶことによって、感動を新たにしようとしているようなのだ。自分で暗示をかけているのだろう。普段どおりの平凡なことをしているのであっても、そこに自ら新鮮な感動を求めようという気持ちを持つことは大切なのではないだろうか。

もし、あなたが感動のない日々を過ごしているというのならば、「そぶり」だけでもいいから何かに感動してみよう。人間は本来、気持ちの持ち方一つで、何ごとに対しても感動することができる。感動するふりでも、それを続けていくうちに、最初は単なる暗示によってかもしれないが、やがてはほんとうに感動できる、みずみずしい心が戻ってくるはずである。

人生は楽しく生きたほうがいい。なるべく憂うつな気分を吹き飛ばして、前向きな姿勢で日々を過ごしたほうがいいに決まっている。そのために欠かせないことの一つが、感動するということだ。そして、この感動を得られるか得られないかは、自分の心の持ち方次第なのである。

嬉しいから笑うのではなく、
笑うから嬉しいのだ。

気分が明るくなると、顔つきも明るくなる。顔の表情には、その人の心が表れるものだとよく言われる。

それでは気分が暗くなってきたら、その逆をいってみよう。つまり、無理をしてでも明るい顔をすれば、心のほうも明るくなるのではないか。

アメリカの心理学者が、「嬉しいから笑うのではなく、笑うから嬉しいのだ。悲しいから泣くのではなく、泣くから悲しいのだ」と言っている。

なるほど、笑い顔をつくっているうちに、ほんとうに腹の底から笑い声が出てくることもある。逆に無理にでも涙を流そうとしていると、だんだん悲しい気分になってくる。「形から入る」という言葉があるが、まさに表情をつくることで感情を制御できるということがあるのだろう。

だから私は常に人に、「プロの笑顔を見せなさい」と言うことにしている。プロの笑顔とは、例えば落語家の笑顔である。落語家は、父親を亡くした日であっても、高座に上がったらにこにこした顔をしなければならないのだ。

また、あるスタイリストの女性が、セルフコントロールのためには、鏡を使って自己管理をするとよいと言っている。家族がいる人は、まわりの目を意識して身だしなみや表情に気をつけるが、ひとり暮らしだとついつい緊張感をなくしてしまう。そこで鏡という視線を利用して心のコントロールをするのだそうだ。

ところで最近は、他人に対して無関心を装うことが珍しくない。例えば、勤務先がいろいろな会社が入っているビルの中にある場合、他社の人とエレベーターなどで出会っても、お互いに会話を交わすことはないだろう。

しかし、そんなときに、ほかの会社の人から「こんにちは」と笑顔で挨拶されたら、誰でも嬉しくなってくるはずだ。そうして、笑顔を見せてくれた人に悪い感情を抱くことはないはずだ。これも笑顔のもう一つの効用である。ギブ・アンド・テイクというが、相手から好意を受けるためには、まずは、こちらから好意を示すことである。そうすれば、プラスの時間がまわりだしていくのである。

誰もいないところなら
何も遠慮することはない。
ガマンした感情は
できるだけ早く発散しよう。

日本人は一般的に、喜怒哀楽を表に出さないことが美徳とされている。そのようなものを露骨に表す人は、周囲の状況や他人に与える影響などの空気が読めない、感情のコントロールができない人間だというレッテルをはられがちだ。

しかし、感情を押し殺した結果、まわりから立派な人間だとほめられたとしても、その人が幸せな気持ちになれるのかというと、そんなことはないだろう。特に「怒」「哀」を抑えこむと、ためこんだ感情が行き場を失って、心が傷ついてしまう。

直情的な言動は他人に迷惑をかけるし、自分の評価は下がるし、感情を抑えればストレスが襲ってくる。でも解決策は、単純だ。ガマンした感情をできるだけ早い機会に、ひとりになって発散すればいいのである。

誰もいないところなら何も遠慮することはない。絶叫するもよし、大声で言いたい放題わめき散らすのもいい。そんなことで気持ちが晴れるのかと思われるかもしれないが、百パーセントとは言わないまでも、それなりの効果がある。少なくとも、相手に感情を爆発させないだけの抑止力にはなるはずだ。

もちろん、カラオケで絶叫するのもいい。部屋でガンガン音楽を鳴らして、歌い踊るのもいい。スポーツ中継に感情移入して、大騒ぎしながら観戦するのもいいだろう。とにかく大声を出して、たまりにたまった思いを発散すると、気持ちは晴れ晴れする。そういう「イベント」を意識して日常に取り入れることだ。

「哀」の感情を出す、つまり泣くことも同様だ。涙には、ストレスを感じると体内で生成される物質が含まれているから、泣くと体内のストレスが軽減され、気持ちがすっきりするという学説もあるほどなのだ。

「泣きたい気分」のときは、ガマンせず涙が枯れるまで号泣しよう。「涙なくしては……」という小説や映画の力を借りるのも大いに結構だ。

心のモヤモヤが発散できるのなら、翌日になって多少目が腫れていてもいいではないか。目の腫れは時間がたてば治るが、心の悲しみはそう簡単には晴れないのだから。

気持ちが完全にふさいでしまう前に、
必ず笑えるものを用意しておく。

心の状態を軽くしてくれるものに、心からの笑いがある。

気持ちが落ち込むと、なかなか笑う気分にはなれない。誰もが笑う冗談を聞いてもおかしくないし、お気に入りのバラエティ番組を見てもちっともおかしく感じなくなるものだろう。

しかし、気持ちが完全にふさいでしまう前なら、対策はある。例えば、友人と飲んで騒いでバカな話で盛り上がって、わけもなく大笑いするような機会を持つといい。友達やアルコールの力を少し借りるのである。

また、「笑いたいからコメディ映画を見る」「笑いたいから漫画を読む」「笑いたいから芝居を見に行く」というように、「笑う」ことを目的とする行動を日常的に取り入れる習慣を持つことも大切だ。

「ああ、なんかイヤな気分だな」と漠然と感じるようなときにすぐ利用できるように、「必ず爆笑できるもの」を用意しておくといいだろう。

そもそも「笑い」は、医学的な見地からも効果的な心の健康法だ。副交感神経の働きを強化し、心身をリラックスさせると言われている。

笑うとモヤモヤしていた気分が一気に晴れたような、爽快な気分になることは誰しも経験しているだろう。これは、あらゆる緊張感から解放されるためだ。

笑う人は健康になるし、前向きになれる。まさしく「笑う門には福来る」わけである。日常生活に大いに笑いを取り入れ、笑いによって上手にストレスを発散してみてほしい。

感情を思いっきり文章化してみる。
自分を鎮静化させ、
相手を冷静に見る余裕が生まれ、
さらに事態や関係を変えていく知恵も
生まれる。

怒りっぽい人に腹を立てるなと言うのは簡単だが、実行するのは難しい。我慢するのは精神上よろしくない。

私などのんびりした人間とみられているフシがあるが、実はかなり気が短いし、せわしない。旅行をしている間も妻の言動に腹ばかり立てている。しかし、その腹立たしさをそのまま妻にぶつけてしまっては、せっかくの旅行がぶちこわしになってしまう。そこで、怒りをぶつけたい気持ちに「待った」をかけるのだが、ただ我慢するだけでは、私の気分がよくない。このあたりのバランスが難しいところだ。

このようなとき、私は吐き出したい気持ちを手帳に書きつけることで怒りを静めている。もともとメモ魔だから、何かあればすぐメモをするのが習慣になっている。

具体的な方法を教えよう。まず、妻が私に言った苦言や小言を書き、それに対する自分の意見や感想を書く。すると、罵詈雑言が次々とあふれ出してくるから、それをそのまま手帳に書き連ねていく。すると、ひととおり書き終わるころには、不思議なことに怒りが静まっているのである。

これを応用して、腹が立ったとき、相手に手紙を書くのもいい。感情をそのままぶつけよう。「何回同じことを言わせるんだ。ばかやろう!」。ポイントは思いっきり過激な言葉を使うことだ。相手が目上でもかまうことはない。

ただし、この手紙は決して投函してはいけない。封筒に入れてしまって起き、しばらく放っておこう。ころあいを見計らって取り出して読むと、きっと「ああ出さなくてよかった」と思うはずだ。

人は、時間をおくことで、物事を冷静に判断できるようになる。手紙を読み返して怒りの原因を自分なりに分析することもできる。私もメモを読み返すと、妻の小言が私を思ってのものだったことがわかり、反省することがしばしばだ。

感情は無理にコントロールせず、発散させ、時間をおいてから冷静に向き合ってみるのがいいようだ。これを繰り返していくと次第に、腹を立てたときでも、その一方でどこか冷静でいられるようになる。

そもそもどんなに感情的になっていても、書くという行為は、ある程度、冷静になったり客観的になったりしなければできない。怒りながら書いているつもりでも、峠はすでに超えているのである。

メモの中で感情を爆発させている分には、誰の迷惑にもならない。加えて、自分を鎮静化させ、相手を冷静に見る余裕が生まれ、さらに事態や関係を変えていく知恵も生まれる。

日本では感情は抑えることが美徳とされてきた。しかし、我慢して抑えこんだ感情は、心の奥底に蓄積され、ストレスになる。それを解消するのがこの「書く」行為である。悩みがあるときにも有効だ。ぜひ試してみてもらいたい。

第7章

心が晴れていく言葉

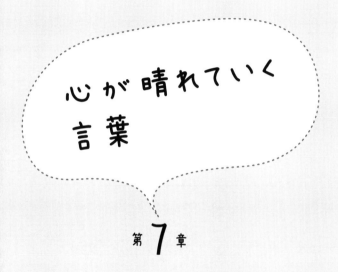

やり遂げたことが偉いのではない。
やろうと思う前向きの姿勢が貴いのである。

傷ついたり、悲しみに暮れている人たちは、前向きな気持ちになることだ。

しかし、前向きになっても完璧な結果というものを望んではいけない。この世の中に完璧な人間というものは存在しない。だから完璧を望むと無理が生じる。するとまた心に余分な負担がかかってくる。


私は折に触れて、社会生活を快適に営んでいく基本は、何ごとも八十パーセント主義でいくことだと言っている。

友人に「完璧な友人」を望むから、ちょっとした言動が頭にくる。パーフェクトな仕事をしようとするから、わずかなミスで自分のことがふがいなく思える。

スランプや落ち込んでいる状態のときも同じだ。元の状態に百パーセント戻ろうとする気持ちが焦る気持ちをいたずらに増幅させる。

それが、完璧でなくてもいい、八十点の評価でいいということになれば、もっと気楽な人生が過ごせるのではないか。つまり、他の少々の欠点や失敗があっても目をつぶってやり過ごせばいいのだ。

また自分の失敗だったら、失敗は成功の基と思って取り返せばいい。人からいちいち言われなくても、人間はその時期になれば自然に気づくものなのだ。

実は私は、最近、八十パーセントどころか、何ごとも六十パーセントでいいと思うようになった。歳をとってきたせいか、何でもやり遂げなければすまないという気持ちがことさら薄れてきたようだ。

若い人なら、あれもこれもやりたがって失敗し、絶望的になることもあるだろう。しかし、何もやり遂げられなくても、それはそれで人生というものなのだ。やり遂げたことが偉いのではない。やろうと思う前向きの姿勢が貴いのである。

心を覆うさまざまな暗雲を払うには、何ごとも八十パーセント主義でいくことである。

「また一つ経験値が上がった。自分の人生は順調に進んでいる」と思うことだ。

人間は学習することによって成長する。そして、いかにして学ぶかといえば、それは失敗の経験によってなのである。

それは自分が子どもだった頃を振り返ってみればわかるだろう。算数の計算だって、最初はわからない。間違いを繰り返しているうちに理解するようになり、計算式が解けるようになる。

学校を卒業したら、もう一切学ぶことはないかと言えば、そんなことはない。会社に入ったら仕事を一から身に付ける必要がある。キャリアとは、いくつもの壁にぶち当たることで蓄積されるものである。

人間関係にしても、一言一句まったく同じやりとりというものは存在しない。仲のいい友達と話すのでも、初対面の人と話すのでも、厳密に言えば、すべてが初めてのやりとりなのだ。そう考えると、そこに行き違いやトラブルが生じるのは当たり前のことなのだ。

そして、付き合いを重ねることで失敗や成功の経験を蓄積していって、よりよい行動のとりかたがわかってくるのである。そういう意味で、さまざまな場数を踏むことが大切なわけだ。

世の中に、失敗を知らない成功者はいない。むしろ失敗をいくつも重ねてきたからこそ、成功を手に入れることができたのである。

失敗体験の記憶というのは強烈だ。特に年齢が上がるにつれて、なかなか簡単には忘れられない。しかしそれを嘆き悲しむのではなく、成功への踏み台とすることである。そう考えれば、つらいことやミス、過ちなどが起きたときにくよくよ悩みすぎることが、いかにもったいないことかがわかる。もちろん反省することは必要だが、必要以上に落ち込むことには意味がないのである。

だからつらいではなく、「また一つ経験値が上がった。自分の人生は順調に進んでいる」と思うことだ。すぐにそのようにとらえることはできないかもしれないが、落ち込んでいる気分を趣味や運動などでなるべく早くリセットして、徐々に気持ちを前向きに変えていけばいいのである。

「きっとよくなる」と念じたり
口に出すことは、
物事を好転させる上で、
バカにはできない。

「ガンの人でも祈りによって快癒する」

いかがわしい宗教団体のくどき文句とも思えるような言葉だが、実はこれ、ノーベル賞を受賞した医学者、アレキシス・カレル氏によるものである。

もちろん、誰でも祈れば治るというのならば、薬も医者もいらない。しかし、そのようにして治った人たちが存在し、また特別な体質だったというわけではないという。

このことに関して、私は同じ医師として、前向きな人は病気に強いということは言えると思う。「病は気から」という言葉を引くまでもなく、前向きになることは、楽しくかつ安らかに生きるための基本姿勢である。だから、「治る、治る」と念じたり口に出すことは、あながちバカにはできない。

特にストレスや悩みなどでくじけているときなどは、この方法は有効である。心が傷つきやすい人は、何かイヤなことがあると、そのマイナスイメージをいつまでも引きずってしまうことが多い。折に触れて思い出したり、細かいところが絶えず気になって、そのたびに落ち込み、なかなか先へ進めない。

しかし、たいていの日常生活の問題は、実は自分の気持ち次第でプラスにも、マイナスにも変えられるものなのである。

例えば、仕事の失敗や人間関係での悩みでも、「最後にはうまくいく」と思っていれば、そのマイナス要素もプラスへのステップととらえられるのである。

前向きなイメージや願いを絶えず思い描くことは、簡単な自己暗示にもなるし、マイナスの状況から脱するためのエネルギーになってくれる。

気持ちを楽にしたり、力が欲しいとき、前向きな言葉を発してみよう。現状が好転していくことも決して少なくないはずである。

夢が実現しなくても、
夢に向かって歩いてきた日々を
大切な思い出とすることができる。
だから夢を持つことはムダではないのだ。

夢や希望を抱いて生きる前向きな人は強い。実際、そのような人はまわりの目にはとても魅力的に映る。

その一方で、ときどきその夢につぶされてしまう人もいるようだ。夢を描いたはいいが、なかなかその夢がかなわないので、しだいに不満がたまってしまうのである。不満をためてしまうようでは、何のための夢だかはわからない。こんなことなら夢など最初から持たなければよかったということになってしまう。

せっかくの希望が不満の原因になってしまうのは、その実現に向けての過程に問題があるのではないか。

例えば、「イタリアに行きたい」という夢を描いたとする。ここからが肝心である。イタリアに行くチャンスが訪れるまで、ただ漫然と待っているだけではいけない。待っているだけで何もしないでいて夢が実現するわけはない。実現するのは、行けないことで生じるストレスと、それに伴う心身の不調だけである。

それではどうすればいいか。夢に関係のあることで、すぐに行動に移せることを、「小さな目標」としてこまめに設定していくのである。

旅を楽しむために、言葉を勉強したり、事前に観光スポットの知識を仕入れる。旅行用の通帳をつくって毎月少しずつ貯金する。あるいは、まとまった休みをとるためにいろいろと根回しをするというのも手である。

こうして実際に行動していると、学習の進み具合や行動、貯蓄の実績という目に見える形で、夢に一歩一歩近づいていくのを実感できる。

これが実感できると、満足感と同時に次への励みというプラス感情を手にすることができ、夢がふくらんでいく。

人生には思いがけないことが起こる。もし夢が実現することなく終わるようなことがあっても、こうして夢の実現への歩みを実感することができた人は、夢に向かって歩いてきた日々を大切な思い出とすることができる。

そして夢を持つことがムダではないと思い、また次の夢に向かって歩み始めるのである。夢を持とう。そしてその実現のために、小刻みな歩みをしていこう。

「もうイヤだ」ではなく
「もう大丈夫」と考えてみる、
口に出してみる、
そして一歩を踏み出してみる。

プラス思考と聞くと、決まって反論する人がいる。

「言葉で言うのは簡単だが、ほんとうに苦しい状況にあるときに、プラス思考で考えるのは難しい。それに悪い予測しかたてられないときだってある。そもそも、悩まずにいつも前向きでいようなんて、前向きの押し売りだし、うさん臭い」

確かに、プラス思考というと、すべて自分の都合のいいように考えることとか、苦しむことを避けて通る方法と受け取られている側面がある。


しかし、ほんとうのプラス思考には、ときには苦しみや悩みがついてまわるのである。大切なのは、悪いことを予測しながらも、いい結果を思い描くことなのである。

「これだけの困難が予想される。でもきっと抜け出せる。その先には明るい未来が開けてくる」と信じ、どう行動するかを考えるのが前向きな思考だ。

決して能天気なものではないし、そんなに難しいものでもないのだ。具体的なイメージが描けないのなら、「これ以上には悪くならない。もう大丈夫。あとはよくなり続けるだけだ」と、現在進行形で考えるだけでもずいぶん違う。

いくらそう思おうとしてもすぐにマイナス思考が頭をもたげてくる場合には、無理やりでもいいから、とにかく不運を幸運ととらえるようにしよう。

「異動」は「新しい仕事に挑戦する好機」、「仕事のミス」は「目的に近づくための経験」、「経済的な困窮」は「豊かさに向かう出発点」、「病気療養」は「必要な休息」にといった具合である。そうすれば、気持ちを前へと動かすことができる。

そして、困難に直面したときには「もう」ではなく、「まだ」で発想しよう。

「もうダメ」ではなく「まだ大丈夫」、「もうおしまいだ」ではなく「まだこれから」、「もうぼろぼろ」ではなく「まだ元気」といったふうに。

単なる言葉遊びだと笑ってはいけない。たったこれだけの意識の持ちようで、気持ちは大きく変わってくるはずである。

必要以上に苦しむことは、ほどほどにしておこう。

苦しい経験は、いずれあなたにプラスに働くものなのである。

「もう大丈夫」と自分を信じて、一歩前へ踏み出そうではないか。

「私は幸せになる運命だ」と言ってみる。
自分を信じることが、
前向きに生きることにつながっていく。

私は生来の楽天家である。気持ちが追い込まれても、つねづね「どんな人もみな幸せになる運命のもと存在している」と考えることにしている。

生まれてこないほうがよかったなどという人は、世の中にはひとりもいない、それぞれの人がそこにいることを望まれて存在していると、私には思えるのである。

つまり、望まれてここにいる以上、自分という存在は幸せになれると信じてよいのである。それなのに勝手に自信喪失したり、自分を卑下してしまうのは、おかしな話だとすら思っている。

これは、自分を元気づけるおまじないのようなものなのだが、暗示にかかりやすい私にはけっこう効く。口の中で小さく、「私は幸せになる運命だ」と言ってみる。すると少し元気になれる。

自分に対する肯定感が生まれると、それは体にもいいようだ。

だから迷ったときは、自分は幸せになるために存在しているのだから何を選択しても大丈夫、小さなミスはあっても必ず悪いことにはならないだろうと思うことにしている。いろいろあっても結果はうまくいくだろうと思っている。そう考えると明るい気持ちになれるのである。

実際、このようにある種の開き直りができるとだいたい状況が好転してくる。さらに、自分がよく見えてくる。見失っていた自分を取り戻すことができるようになる。

これだけ世の中が複雑になると、人は自分を見失いがちである。それも仕方のないことかもしれないが、もっと自分を信じて、自分の生きたいように生きてもいいのではないか。

「私は幸せになる運命だ」

自分を信じることは、前向きに生きることにつながっているのである。

幸せや不幸せというものは、
自分で感じる以外、誰にも決められない。
幸せになると決めよう。

人間は平等か、不平等か。それは何を基準にして考えるかで異なってくるだろう。

例えば会社の給料。あの人とこんなに差があるのは不公平だと思ったとする。しかし人間が仕事をする以上、やり方も時間も違うのだから、まったく同じ仕事の結果というものが存在するわけではない。時間給で払うのか、能力給で払うのか、能力とは何か、などと突き詰めていったら、ほんとうに平等・公正な給料を支払うことなど不可能だということがわかる。そもそも、人を評価し、給料を支払うのも人間である。

客観的な評価をしているつもりでも、そこにはおのずと主観が入り込むのである。また、肉体的な条件だって平等ではない。人間みな同じ顔で生まれてくるわけではない。結局のところ、何がほんとうの平等なのかということは、誰にもわからない。

しかし、絶対に平等だと言えることが少なくとも二つある。

一つは、誰でもいつかは必ず死ぬということ。

そしてもう一つは、自分の幸せや不幸せというものは、自分で感じる以外、誰にも決められないということである。この点、みんな平等であろう。

もしもあなたが、自分は世界一幸せだと思っていたとする。そのとき、まわりからいくら「いや違う」と言われたとしても関係ないだろう。誰にもあなたの幸せを邪魔することはできない。

反対に、あなたが容姿端麗で、お金持ちで、仕事ができて、まわりからはとても恵まれていると見られているとしても、自分では心から不幸だと思っていれば、それはやはり不幸なのだ。

幸せ・不幸せに客観的基準はない。誰もが自ら幸・不幸を決めることができるのである。

「私は幸せになる運命だ」

本書は小社から発刊された『精神科医・モタ先生の心が晴れる言葉』の改題・新装版です。

著者紹介

斎藤茂太（さいとう・しげた）

精神科医・医学博士。

1916年生まれ。長年、家族・夫婦・子育て・心の病・ストレスを扱ってきた「心の名医」として、厚い信頼を集めている。愛称は「モタさん」。歌人・精神科医であった斎藤茂吉の長男でもある。著書多数。

2006年逝去。

心《こころ》が晴《は》れる言葉《ことば》　〈検印省略〉

2025年 1 月 17 日 第 1 刷発行
2025年 8 月 17 日 第 3 刷発行

著　者――斎藤 茂太（さいとう・しげた）
発行者――田賀井 弘毅
発行所――株式会社あさ出版

〒171-0022 東京都豊島区南池袋 2-9-9 第一池袋ホワイトビル 6F
電　話 03 (3983) 3225 (販売)
　　　 03 (3983) 3227 (編集)
F A X 03 (3983) 3226
U R L http://www.asa21.com/
E-mail info@asa21.com
印刷・製本 (株) 光邦

note http://note.com/asapublishing/
facebook http://www.facebook.com/asapublishing
X https://x.com/asapublishing

ISBN978-4-86667-734-7 C0030